Holt Spanish 1

Video Guide

HOLT, RINEHART AND WINSTON

A Harcourt Education Company

Orlando • **Austin** • New York • San Diego • Toronto • London

Contributing Writer
Dianne Harwood

Table of Contents

To the Teacher

Integrated into the instructional curriculum of *¡Exprésate!* is a comprehensive *Video Program*, shot entirely on location throughout the Spanish-speaking world.

GEOVISIÓN   As the name implies, this video travelogue introduces students to the people, places and geography of each of the ten locations presented in **GeoCultura** in the Student Edition of *¡Exprésate!* Each segment opens with a young person from that country who introduces him- or herself, and narrates along with a montage of video footage.

EXPRESAVISIÓN   These segments model vocabulary and functions from each **Vocabulario** presentation of the Student Edition. Vocabulary and expressions are clearly labeled on screen in an entertaining and culturally rich context.

GRAMAVISIÓN   This revolutionary concept adds an entirely new dimension to the teaching of grammar. These segments put the dynamic nature of language into an entertaining animated format allowing the learner to see the intricate relationships between words as well as how words change forms to convey grammatical and other information. The language is immediately thereafter modeled in context as portrayed by actors students' age in short skits.

VIDEOCULTURA   This segment presents interviews with native speaker of Spanish. The unscripted, yet structured interview format allows gives students a taste of real Spanish yet is also tied as closely as possible to the vocabulary and grammar students are learning in the respective chapter.

NOVELA EN VIDEO   This ongoing **novela** models in context the vocabulary, functions, and grammar from the chapter in a high-interest ten-episode story. This section can be used to present material in the chapter for the first time, to reinforce it as you go through the chapter, and to review it at the end of the lesson cycle.

VARIEDADES   These segments provide authentic television footage related to the chapter theme or language including commercials, news clips, public service announcements, and music videos. These slices of authentic Spanish-language television give students an opportunity to hear and enjoy material produced by native speakers for native speakers. While carefully chosen to meet pedagogical objectives, in order to preserve authenticity this material was not edited for the classroom. The **Variedades** segments should be previewed by teachers before classroom use to ensure the appropriateness for the age group of the class.

This *Video Guide* can be use with either the DVD or VHS videocassette format. The *Video Guide* provides background information and suggestions for pre-viewing and post-viewing, activities for **GeoVisión, ExpresaVisión, VideoCultura, Novela en video,** and **Variedades.** It also contains scripts, synopses for all dramatic episodes, transcripts of all interviews and authentic footage, supplementary vocabulary lists, and Activity Masters with overprinted answers.

Video Synopsis

Video Segment	Correlation to Student Edition	Activity Master	Scripts
GeoVisión	pp. xxiv–3	p. 2	p. 101

• visual introduction to Spain

Teaching Suggestions

Pre-viewing

• Ask students to brainstorm a list of places they would include in a travel video about the United States. Which places would be the most important to include? Which places would be the most interesting to foreign visitors? Do they think they could shoot a video that would give someone a true impression of what the United States is like?

• Ask students to turn to the map on page R2 of the Student Edition. Ask them to name the countries and bodies of water that surround Spain.

• Before showing **GeoVisión,** you may want to go over the pronunciation of the Supplemental Vocabulary and the Spanish words in Activity 1 of Activity Master: España with students.

• Students may need to watch **GeoVisión** more than once in order to complete the activities on Activity Master: España.

Post-viewing

• Ask students how their image of Spain has changed after seeing **GeoVisión.** Were their expectations confirmed?

• Ask students if there were any places shown in **GeoVisión** that they would like to visit. Which places? Why do they want to visit?

(1)

GeoVisión

España

Supplemental Vocabulary	
el corazón *heart*	**el norte** *north*
el este *east*	**el oeste** *west*
el lugar *place*	**el sur** *south*

Pre-viewing

1 GeoVisión, the video segment which you are about to see, is all in Spanish. Some Spanish words are very similar to English words. Look at the words listed below, then write the appropriate English word next to each Spanish word.

palace	fantastic	center (of town)	park	architecture	museum

1. arquitectura   architecture
2. centro   center (of town)
3. fantástico   fantastic
4. museo   museum
5. montañas   mountains
6. palacio   palace
7. parque   park

Post-viewing

2 Do you remember these places from **GeoVisión?** Match each photo with the correct caption.

  c   **1.** La Plaza Mayor en el centro de Madrid

  a   **2.** El Parque del Retiro en Madrid

  d   **3.** La Sagrada Familia en Barcelona

  b   **4.** El museo Guggenheim, una de las atracciones más famosas de Bilbao

¡Empecemos!

Video Segment	Correlation to Student's Edition	Activity Masters	Scripts
ExpresaVisión 1	pp. 6–11	p. 6	p. 101
GramaVisión 1	pp. 12–15		p. 101
VideoCultura	pp. 16–17	p. 7	p. 101
ExpresaVisión 2	pp. 18–23	p. 8	p. 101
GramaVisión 2	pp. 24–27		p. 101
Novela en video	pp. 28–29	p. 9	p. 101
Variedades		p. 10	p. 101

ExpresaVisión 1
- Roberto introduces himself. Then he greets and introduces his friend Tomás and his professor. Tomás does a lot of goofing around trying to steal some camera time.

GramaVisión 1
- Subjects and verbs in sentences
- Subject pronouns

VideoCultura: Comparaciones
- A montage of different ways Spanish speakers greet friends, family, co-workers, and other new acquaintances.

ExpresaVisión 2
- Roberto goes to a bookstore to apply for a job. The salesman is confused about Roberto's name and why he has stopped by, but he eventually takes down Roberto's name, phone number, and e-mail address.

GramaVisión 2
- The present tense of the verb **ser**
- Punctuation marks and written accents

Novela en video
- An elegant woman, **la profesora,** thumbs through a series of files and photographs. Then, students are introduced to two of the teenagers in the files: Sofía, from Mexico, and Nicolás, from Puerto Rico. We also see **la profesora** contact Marcos and make an appointment for him to come to see her on Monday.

Variedades
- An excerpt from Zona Áurea, a local community program from Valle del Chalco, near Mexico City.

ExpresaVisión 1

- **Pre-viewing** Have students discuss the ways they greet people. How do they decide which greeting to use? Does it depend on the person they are greeting? The time of day?

- **Post-viewing** Show students **ExpresaVisión** once, with the sound turned down. Ask them who they think the two people with Roberto are. What is the boy's relationship to Roberto? Show **ExpresaVisión** a second time, with the sound. Ask students if the words give them any more information about the identity of the two people.

GramaVisión 1
Subjects and verbs in sentences

- **Pre-viewing** Tell students that they are going to learn about nouns and verbs in Spanish. Ask what they remember from English class about nouns and verbs.

- **Post-viewing** Ask students to discuss the similarities and differences between the word order of Spanish sentences and the word order of English sentences. Can students explain the difference discussed in **GramaVisión?** (In some Spanish sentences, the subject is left out.)

Subject pronouns

- **Pre-viewing** Ask students to list the subject pronouns in English. Ask volunteers to use each of the English subject pronouns in a sentence. For each sentence, the volunteer points to a classmate(s) to show who the pronoun stands for.

- **Post-viewing** Have students compare the subject pronouns in Spanish to those in English. Which language has more? What do they equate to in the other language? What is the purpose of the extra subject pronouns? Are there any advantages or disadvantages students can think of for the additional pronouns?

VideoCultura: Comparaciones

- **Pre-viewing** Ask students to imagine that they are at the airport, observing people. How can they tell who is meeting a family member that they haven't seen for a while? How can they tell who is meeting someone for the first time?

- **Post-viewing** Ask volunteers to act out scenarios in which various Spanish-speakers greet each other. Have the class try to guess the relationship between the two people.

ExpresaVisión 2

- **Pre-viewing** Ask students in what situations they give someone their phone number or e-mail address. If they were living in a Spanish-speaking country, would they encounter these same situations?

- **Post-viewing** Ask students the following questions: Who does Roberto talk to? What does he want? What information does the man ask him for? How do Roberto and the clerk introduce themselves? Are their introductions similar to or different from the way students are used to introducing themselves to other people?

GramaVisión 2
The present tense of the verb ser

- **Pre-viewing** Have students list all the present tense forms of the verb *to be. (am, are, is)* Students have learned that the subject pronouns can be left out in Spanish. Ask them why that would or wouldn't work in English. (Since Spanish has a different verb form for each subject pronoun, the verb form alone makes it clear what the subject is. In English the verb forms are the same for some of the subject pronouns, so the subject is necessary.)

- **Post-viewing** Point to a student or groups of students and ask a volunteer to call out the appropriate subject pronoun and form of **ser** for the individual or group.

Punctuation marks and written accents

- **Pre-viewing** Ask students whether they have noticed the accent marks and different punctuation marks used in Spanish. Have them look back through their textbook to find examples of words with accent marks and the different punctuation marks.

- **Post-viewing** Ask students to discuss the punctuation marks that are used in Spanish that are not used in English. What advantages or disadvantages do students see to having punctuation at the beginning as well as at the end of the sentence?

Novela en video

- **Pre-viewing** Ask students to listen for how many names Roberto, Sofía, and Tomás have. Discuss with students how Spanish and Latin American names are generally formed (Usually the person will have four names, their first name, middle name, their father's last name, then their mother's last name). Ask some volunteers to tell what their full name would be if they were living in a Spanish-speaking country.

- **Post-viewing** Why do students think **la profesora** is interested in Roberto, Sofía, and Tomas? What do the three teenagers have in common? In what ways are they different from each other? Ask students to watch for items that indicate **¿Quién será? Episodio 1** wasn't shot in the United States. (school uniforms, the architectural style and decoration of Sofía's kitchen, the cobblestone streets and architecture that are visible as Nicolas hurries through the street...)

Variedades

- **Pre-viewing** Tell students they will watch a Mexican television program in which children from Valle del Chalco, a community near Mexico City, will sing and talk about their best friends. Tell them they are not expected to understand everything.

- **Post-viewing** Discuss with students how they are similar to, and different from, the students featured in Variedades. Are they in a choir? Do they wear school uniforms? Do they have a best friend? Is there a basketball court in their school?

ExpresaVisión 1

Pre-viewing

1 How would you ask a friend how he or she is? How would you ask an adult? How would you respond if each of them asked how you were? In the space below, list some of the words and phrases you might use in each of these kinds of conversation.

_____

_____

_____

_____

_____

_____

Post-viewing

2 Number these events in the order they happen in **ExpresaVisión.**

___4___ **1.** Roberto introduces **la profesora.**

___3___ **2.** Roberto introduces Tomás.

___5___ **3. La profesora** says goodbye.

___2___ **4.** Roberto greets Tomás.

___1___ **5.** Roberto introduces himself.

3 First, match the phrase Roberto uses to the correct situation. Then complete the sentences that follow.

___b___ **1.** Ella es mi profesora.   **a.** Roberto introduces his friend.

___a___ **2.** Él es Tomás.   **b.** Roberto introduces his teacher.

3. You use **ella** to stand for <u>a woman or a girl</u>

4. You use **él** to stand for <u>a man or a boy</u>

4 Tell which expression Roberto uses in each situation in **ExpresaVisión.**

___e___ **1.** Roberto introduces himself.

___c___ **2.** Roberto asks the teacher how she is.

___a___ **3.** Roberto greets Tomás.

___b___ **4.** Roberto says goodbye to Tomás.

a. Hola, Tomás
b. Adiós, Tomás
c. ¿Cómo está usted?
d. Hasta luego.
e. Me llamo Roberto.

Nombre _____ Clase _____ Fecha _____

VideoCultura: Comparaciones

ACTIVITY MASTER 2

Pre-viewing

1 What gestures and actions do you use to greet people? Do you greet your friends at school each morning in the same way that you greet relatives that you haven't seen in a long time? In the space below, list some of the ways you greet various people, and tell with whom, and on what occasions, you would use each greeting.

_____

_____

_____

_____

Post-viewing

2 Write a conversation for each of the photos below based on what's happening.

1. _____

_____

_____

_____

_____

_____

2. _____

_____

_____

_____

_____

3. _____

_____

_____

_____

_____

4. _____

_____

_____

_____

_____

ExpresaVisión 2

Pre-viewing

1 In order to tell someone your address, you need to know numbers. On a separate sheet of paper, work with a partner to make a list of other situations in which you need to use numbers.

Post-viewing

2 Answer the following questions based on what happens in **ExpresaVisión.**

____c____ **1.** What is the clerk's name?
  a. Roberto   **c.** Miguel Ángel
  b. Rodrigo

___b, d___ **2.** What are two of the names the clerk mistakenly calls Roberto?
  a. Miguel Ángel   **c.** Rafael
  b. Rodrigo   **d.** Rolando

____c____ **3.** What do Roberto and the clerk do when they introduce themselves?
  a. They kiss each other once on each cheek.
  b. They hug and pat each other on the back.
  c. They shake hands.

____b____ **4.** Do you think Roberto will get a job at the bookstand?
  a. sí   **b.** no

3 Check off the information that Roberto gives the clerk.

✔ his name

____ his age

✔ his phone number

✔ his email address

____ his street address

____ where he is from

✔ the date

✔ the day of the week

8

Novela en video

Pre-viewing

1 If you were introducing yourself to a teenager you had never met before, what information would you give about yourself? What kinds of things would you expect to learn in a first introduction?

Post-viewing

2 Check off the names you heard in **¿Quién será?, Episodio 1.**

_____ Antonio	_✔_ Marcos	_✔_ Sofía
_____ Carlos	_✔_ Nicolás	_____ Susana
_____ María	_✔_ Roberto	_____ Teresa

3 Match each teenager with the country he or she is from.

a.   b.   c.

_c_ **1.** España

_a_ **2.** México

_b_ **3.** Puerto Rico

4 Tell whether each statement about **¿Quién será?, Episodio 1** is **a) cierto** *(true)* or **b) falso** *(false)*.

_b_ **1.** The first person introduced in **¿Quién será?, Episodio 1** is Nicolás.

_a_ **2. La profesora** looks at information about three Spanish-speaking teenagers.

_b_ **3.** Sofía is eating lunch in a café.

_a_ **4.** Nicolás is in a hurry to get somewhere.

_a_ **5.** Sofía likes music.

_b_ **6.** Roberto has a little brother.

9

Variedades

Supplemental Vocabulary		
áurea *golden*	**cantores** *singers*	**cantar** *to sing*
canción *song*	**bonitas** *pretty*	**coro** *choir*
jugamos *we play*	**confío** *I trust*	**quinto** *fifth grade*
inquietarme *to worry myself*	**deprimirme** *to get depressed*	**comiendo** *eating*
	nos conocimos *we met*	**acostada** *lying*
piso *floor*	**extrañas** *strange*	**perro** *dog*
no querían *didn't want to*	**pegar** *to hit*	**correr** *to run*

PRE-VIEWING

1 Choose the English word for each Spanish word. Write the English equivalent next to each of the words.

center	group	photographs	valley	visit

1. centro   center
2. valle   valley
3. grupo   group
4. visita   visit
5. fotografías photographs

POST-VIEWING

2 In the list below, check off the names of the five children who sing in Variedades.

✔ José   ✔ Alfredo   ___ Julio   ___ Patricia

___ Carlos   ✔ David   ✔ Daniel   ✔ Itzel

3 Complete the sentences with the words from the box.

Alejandra	amigo	Daniel	llama
mejor	Rubén	soy	

1. Hola. Mi nombre es _____Rubén_____ Arturo Arroyo Reynoso.
2. Él es mi mejor _____amigo_____. Se _____llama_____ Carlos.
3. Hola. Yo _____soy_____ José Manuel Ruiz Flores y también

   fotografié lo de mi _____mejor_____ amigo, que se llama

   _____Daniel_____.
4. Adriana, Dulce, Sandy, _____Alejandra_____ son mis amigas.

Video Synopsis

Video Segment	Correlation to Student Edition	Activity Master	Scripts
GeoVisión	pp. 38–41	p. 12	pp. 103–104

- visual introduction to Puerto Rico

Teaching Suggestions

Pre-viewing

- Ask students to locate Puerto Rico on the map on page R5 of the Student Edition. Have them name the surrounding bodies of water and the neighboring islands.

- Have students do Activity 1 on Activity Master: Puerto Rico. Then ask students to share their information with the class. What do students already know about Puerto Rico? What do they expect to see in **GeoVisión?**

Post-viewing

- Ask students how their image of Puerto Rico has changed after watching **GeoVisión.** Were there any surprises? Were their expectations about the island confirmed?

(11)

GeoVisión

Puerto Rico

ACTIVITY MASTER

Supplemental Vocabulary	
el bosque *forest*	**la muralla** *wall*
hermoso(a) *beautiful*	**la playa** *beach*
la isla *island*	**el puerto** *port*

Pre-viewing

1 Get together with a partner and make a list of things you know about Puerto Rico. Share your list with the class.

Post-viewing

2 Label the bodies of water that surround Puerto Rico and the neighboring islands on the map below.

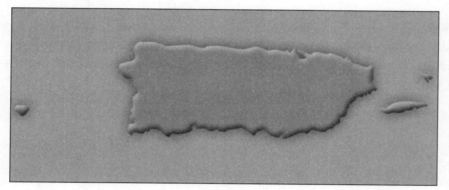

3 Complete these sentences about places in Puerto Rico using the words in the box below.

fortalezas	playas	observatorio	capital	bosque

1. San Juan es la _____ capital _____ de Puerto Rico.

2. El Morro es una de las _____ fortalezas _____ españolas en el Caribe.

3. El Yunque es el único _____ bosque _____ tropical del sistema de parques norteamericano.

4. Arecibo es el _____ observatorio _____ más grande del mundo.

5. El Dorado es una de las _____ playas _____ hermosas de Puerto Rico.

Video Segment	Correlation to Student's Edition	Activity Masters	Scripts
ExpresaVisión 1	pp. 44–47	p. 16	p. 101
GramaVisión 1	pp. 48–53		p. 101
VideoCultura	pp. 54–55	p. 17	p. 101
ExpresaVisión 2	pp. 56–59	p. 18	p. 101
GramaVisión 2	pp. 60–65		p. 101
Novela en video	pp. 66–67	p. 19	p. 101
Variedades		p. 20	p. 101

ExpresaVisión 1

• Nicolás introduces and describes his friends Arturo, Julia, and Mateo.

GramaVisión 1

• **Ser** with adjectives

• Gender and adjective agreement

• Question formation

Comparaciones

• The interviewer will talk to three Spanish speakers about what they and their friends are like and what they like to do.

ExpresaVisión 2

• Mateo describes himself and talks about some of the things he likes.

GramaVisión 2

• Nouns and definite articles

• The verb **gustar, ¿por qué?,** and **porque**

• The preposition **de**

Novela en video

• La profesora and Marcos, the assistant, meet, and Marcos receives an airline ticket to Puerto Rico and the file on Nicolás. **¿Quién será?, Episodio 2** flashes to Puerto Rico where two teachers are discussing a student named Nicolás. They both have very different opinions about the student and determine that they can't be talking about the same person. They decide there must be two students with the same name.

Variedades

• Music video: Mujer con pantalones, by Carlos Ponce of Puerto Rico.

(13)

ExpresaVisión 1

- **Pre-viewing** Tell students that they will be learning about adjectives to describe people. Ask students to call out some adjectives in English.

- **Post-viewing** Play **ExpresaVisión** once with the sound off. Ask students to list adjectives (in English) to describe each of the characters. As they watch **ExpresaVisión** again, have them listen for the Spanish equivalents of the adjectives they listed.

GramaVisión 1
Ser with adjectives

- **Pre-viewing** Review the forms of **ser** by calling out various subjects (Paula, **él, nosotros**) and asking students to supply the correct verb forms.

- **Post-viewing** Call out a subject and the correct form of an adjective. Have a volunteer make a sentence using the two elements. Ask another volunteer to repeat the sentence, without the subject pronoun. Finally, have another student make the sentence negative. Practice with all forms of the verb **ser.**

Gender and adjective agreement

- **Pre-viewing** Tell students they are going to learn more about using adjectives in Spanish. Ask students to look back at pages 44 and 45 of their textbooks. What difference do they notice between the forms of the adjectives used to describe boys and those used to describe girls?

- **Post-viewing** Have four groups of volunteers come to the front of the room: one girl, one boy, a group of two boys, and a group of two girls. Assign each group a number. Then, write an adjective on the board and ask the students who are seated to tell which group the adjective would be used to describe. For example, if you write **serias,** students should call out the number assigned to the group of two girls.

Question formation

- **Pre-viewing** Have students brainstorm a list of Spanish question words that they have already seen. (**¿cómo?, ¿quién?, ¿qué?, ¿dónde?, ¿cuál?**)

- **Post-viewing** Read aloud statements and *yes-no* questions. Have students raise their right hand if you are reading a statement and their left hand if you are reading a question.

VideoCultura: Comparaciones

- **Pre-viewing** Diana will interview three Spanish speakers about what they and their friends are like and what they like to do.

- **Post-viewing** Ask students if the interviewees feel that the saying **Dime con quién andas, y te diré quién eres** applies to them and their friends. Do students feel that the saying applies to them and their friends? Why or why not?

ExpresaVisión 2

- **Pre-viewing** Ask students to notice the objects that appear on the screen as they watch **ExpresaVisión.** What do these items represent?

- **Post-viewing** Ask students why Mateo looks nervous when he says **Me gusta la pizza** and **Me gustan las frutas.**

GramaVisión 2
Nouns and definite articles

- **Pre-viewing** Make two columns on the board or on an overhead transparency. Label one column "Feminine" and the other "Masculine." Ask students to call out nouns that fit under the two columns.

- **Post-viewing** Call out familiar nouns and ask volunteers to repeat them with the correct definite article. Practice plural nouns after you've practiced singular ones.

The verb gustar, ¿por qué?, and porque

- **Pre-viewing** Ask students to pay attention to what the verb in each sentence agrees with. Does it agree with the person who is doing the liking or with the thing(s) that is liked? Can they think of any sentences in English that work this same way? (You might suggest sentences like "Books are appealing to me.")

- **Post-viewing** Practice **me gusta** and **me gustan** by telling students about something you like. Have students hold up their index finger if you are talking about one object and two fingers if you are talking about more than one object.

The preposition de

- **Pre-viewing** Tell students they are going to learn more about the preposition **de.** Ask them to look back through Chapter 1 and the beginning of Chapter 2. List on the board any phrases they find with the preposition **de.**

- Ask students to notice how many different ways to use **de** are presented.

- **Post-viewing** After students have watched **GramaVisión,** ask volunteers to list the ways to use **de.**

Novela en video

- **Pre-viewing** Have students think about how their teachers and friends would describe them. Would they all agree or would they have different opinions? Why?

- **Post-viewing** Ask students what the art teacher and gym teacher think of Nicolás. How do they describe him? Is one of the teacher's description correct or are they both correct? Why? What conclusion do the teachers reach? Is it correct?

Variedades

- **Pre-viewing** Tell students they will watch a music video of the Puerto Rican singer and actor Carlos Ponce. Ask them to listen for the phrase **me gusta.**

- **Post-viewing** Explain that the title of the song, **Mujer con pantalones,** literally means "woman with pants." Ask students what kind of woman the phrase describes. (one that is in charge, decisive, gutsy)

ExpresaVisión 1

Pre-viewing

1 On a separate sheet of paper, write 10 adjectives that describe you and your friends. Then, as you watch **ExpresaVisión,** see how many of these adjectives Nicolás uses to describe himself and his friends. **Answers will vary.**

Post-viewing

2 As you watch **ExpresaVisión,** match each description below to the photo of the person it best describes.

a.

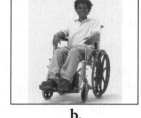
b.

c.

__b__ **1.** pelirrojo y serio

__c__ **2.** moreno y atlético

__a__ **3.** muy alta y extrovertida

3 When you learn new words, it helps to look for links to words you already know in English, in the foreign language, and in any other languages you know. See if you can list a word (in English or in Spanish) that is related to the words below.

MODELO **compañero** is related to the English word *companion*

1. **atlético** is related to _athlete, athletic_
2. **extrovertida** is related to _extrovert, extroverted_
3. **pelirrojo** is related to _rojo_
4. **serio** is related to _serious_

4 Decide which adjective describes each celebrity better.

1. Albert Einstein es __b__.
   a. atlético   **b.** serio

2. Shaquille O'Neal es __a__.
   a. alto   **b.** serio

3. Andy Roddick es __b__.
   a. serio   **b.** atlético

4. Nicole Kidman es __a__.
   a. pelirroja   **b.** morena

Holt Spanish 1   Video Guide

VideoCultura: Comparaciones

Supplemental Vocabulary	
alegre *happy*	**parecido** *alike*
divertido(a) *fun*	**Sí, la conozco.** *Yes, I'm familiar with it.*
hacer amigos *to make friends*	

Pre-viewing

1 What adjectives would you use to describe yourself and your best friend? On a separate sheet of paper, write a few sentences that describe each of you.

Post-viewing

2 Check off the adjectives that Andrea and Luis use to describe themselves and their friends.

	Andrea	Luis
activo/activa		✔
alegre	✔	✔
divertido/divertida	✔	
gracioso/graciosa		✔
inteligente	✔	
moreno/morena		✔
serio/seria		
simpático/simpática		✔
tímido/tímida		

3 Listen for the adjectives Aaron uses to describe himself and his friend. Several of these adjectives are related to English words. Can you figure out what they mean?

Answers may vary. Possible answers:

   1. persona positiva: __a positive, upbeat person__

   2. ernesto: __earnest, serious__

   3. responsable: __responsible, trustworthy__

(17)

ExpresaVisión 2

Pre-viewing

1 What kinds of things do you like? In the space below, list some of your favorite foods and kinds of entertainment. Then, as you watch **ExpresaVisión,** see how many things you have in common with Mateo.

_____

_____

_____

_____

Post-viewing

2 Circle the adjectives Mateo uses to describe himself.

(atlético)	(intelectual)	perezoso	(romántico)	tímido	serio

3 Check off the things Mateo says he likes in the left-hand column. Then, check off the things you like in the right-hand column.

A Mateo le gusta(n)...		A mí me gusta(n)...
✔	el ajedrez	
✔	los libros de amor	
	los libros de aventura	
✔	la música	
	las fiestas	
✔	el tenis	
	los animales	
✔	la pizza	
✔	las frutas	
✔	el helado	
	la clase de español	

Novela en video

Supplemental Vocabulary

Así es. *That's how it is.*

el mismo *the same*

Siempre hace los dibujos a tiempo. *He always does his drawings on time.*

Pre-viewing

1 **¿Cómo eres?** On a separate sheet of paper, write a few sentences describing yourself in Spanish, using the adjectives you've learned in this chapter.

Post-viewing

2 Which of these statements is the best summary of **¿Quién sera?, Episodio 2?**

_____ **a.** Marcos comes to the professor's house. He drops his sunglasses, a tape recorder, and other things outside her front door. After she answers the door, they discuss Nicolás. Marcos doesn't pay very good attention.

✔ **b.** Marcos and the professor discuss Nicolás. Then two teachers discuss a student named Nicolás. He does very well in art class and poorly in gym class. The teachers decide there must be two boys named Nicolás Ortega García at the school.

_____ **c.** Two teachers discuss one of their students. The art teacher says her student is very hard-working and serious. The gym teacher says his student is lazy and that he doesn't work hard at all. He also says the student is funny.

3 Use the words and phrases in the box below to complete this part of the conversation from **¿Quién sera?, Episodio 2.**

ser	se llama	años	un poco	quién	rubio	tiene	Cómo

— ¿_____Quién_____ es?

— _____Se llama_____ Nicolás Ortega García.

— Dime, ¿ _____Cómo_____ es ?

— Es alto y _____rubio_____.

— Cuántos _____años_____ tiene?

— _____Tiene_____ quince años. Es _____un poco_____ serio y también un poco tímido, pero creo que va a _____ser_____ muy buen artista.

Variedades

Supplemental Vocabulary		
mujer *woman*	**pantalones** *pants*	**tenga** *has*
siempre *always*	**ráfaga** *gust*	**viento** *wind*
arrulle *lull*	**corazón** *heart*	**cuando** *when*
lleguen *arrive*	**salva** *saves*	**vida** *life*
querer *affection*		

PRE-VIEWING

1 Look at the words that appear in Variedades. Match the words that rhyme.

__d__ **1.** privada *(private)*   **a.** razones *(reasons)*

__f__ **2.** bendita *(blessed)*   **b.** entender *(to understand)*

__a__ **3.** pantalones *(pants)*   **c.** sentimiento *(feeling)*

__c__ **4.** viento *(wind)*   **d.** almohada *(pillow)*

__b__ **5.** querer *(to love)*   **e.** pierna *(leg)*

__e__ **6.** tierna *(tender)*   **f.** margarita *(daisy)*

POST-VIEWING

2 In the list below, check off the professions that are represented in Variedades.

____ secretary   ____ lawyer

✔ police officer   ✔ cowgirl

____ nurse   ✔ construction worker

✔ boxer   ____ teacher

✔ soldier   ✔ firefighter

3 What does Carlos Ponce sing in Variedades? Write the letter of the correct response.

__b__ A mí me gusta…
a. la mujer policía guapa.
b. la mujer con pantalones.
c. la mujer extrovertida.

(20)

Video Synopsis

Video Segment	Correlation to Student Edition	Activity Master	Scripts
GeoVisión	pp. 76–79	p. 22	p. 109

- visual introduction to Texas

Teaching Suggestions

Pre-viewing

- Ask students if they have been to Texas. What did they see? What cities did they visit? In what ways did they see the influence of the Spanish culture in Texas?

- Ask students what they already know about Texas. Can they name the states, countries, and bodies of water that surround the state? Have students look at the map on page R4 of the Student Edition to familiarize themselves with the location of Texas. What might account for the influence of Spanish culture in the state?

Post-viewing

- Go over students' answers to Activity 3 on Activity Master: Texas. Ask students to correct the false statements.

- Ask students if there were things included in **Comparaciones** that they hadn't expected. If they were going to shoot their own video about Texas, what would they include?

GeoVisión

Texas

Supplemental Vocabulary			
la bandera *flag*	**la ciudad** *city*	**el estile** *style*	**rico(a)** *rich*
la batalla *battle*	**el estado** *state*	**la frontera** *border*	**vivir** *to live*

Pre-viewing

1 What do you think about when you think of Texas? As a class or in small groups pick three or four images to represent Texas.

Post-viewing

2 Choose the best caption for each of the photos.

    a. La bandera de España

    b. La bandera de México

    c. La bandera de Texas

    a. La famosa misión de Ysleta en El Paso.

    b. La famosa misión de San José en San Antonio.

    c. La famosa misión de Guadalupe en Juárez, México.

    a. Hay una influencia mexicana en el arte de Texas.

    b. Hay una influencia francesa en el arte de Texas.

    c. Hay una influencia puertorriqueña en el arte de Texas.

3 Tell whether the following sentences are **a) cierto** *(true)* or **b) falso** *(false)*.

   b   **1.** Cabeza de Vaca fue el primer *(first)* americano en Texas en 1528.

   a   **2.** Texas es el segundo *(second)* estado más grande de Estados Unidos.

   b   **3.** La bandera americana fue *(was)* la primera bandera de Texas.

   b   **4.** El Álamo fue el sitio *(site)* de la batalla entre los tejanos y los españoles.

   b   **5.** La frontera entre Estados Unidos y México separa las ciudades de San Antonio y Ciudad Juárez.

(22)

¿Qué te gusta hacer?

Video Segment	Correlation to Student Edition	Activity Masters	Scripts
ExpresaVisión 1	pp. 82–85	p. 26	p. 101
GramaVisión 1	pp. 86–91		p. 101
VideoCultura	pp. 92–93	p. 27	p. 101
ExpresaVisión 2	pp. 94–97	p. 28	p. 101
GramaVisión 2	pp. 98–103		p. 101
Novela en video	pp. 104–105	p. 29	p. 101
Variedades		p. 30	p. 101

ExpresaVisión 1
• Alejandra answers questions about what she does and doesn't like to do.

GramaVisión 1
• **Gustar** with infinitives
• Pronouns after prepositions
• Present tense of **querer** with infinitives

VideoCultura
• The interviewer will talk to Rita from Perú, Roberto from España, and Celina from El Paso, Texas about what they and their friends like to do on weekends.

ExpresaVisión 2
• Alejandra suggests various places and activities to a friend, who finally agrees to go swimming in the pool.

GramaVisión 2
• Present tense of regular -**ar** verbs
• Present tense of **ir** and **jugar**
• Weather expressions

Novela en video
• Sofía, who was introduced in Chapter One, is having a discussion with her mother. Her parents have signed her up for classical ballet classes. Sofía is not happy with her parents' decision. Because the ballet classes are held on Fridays, Sofía has to cancel her regular Friday outing with friends. She tries to hide the real reason for canceling, but her suspicious friends follow her to the dance studio. The episode ends with a phone call from **la profesora** in Spain. She is sending Marcos to El Paso, Texas to investigate a new candidate.

Variedades
• Music video: Amor, amor, amor, by Luis Miguel of Mexico.

(23)

ExpresaVisión 1

• **Pre-viewing** Play **ExpresaVisión** once without sound. Ask students to look for visual clues that tell what mood Alejandra is in. Play it again with the sound on and ask students if they can figure out why feels the way she does.

• **Post-viewing** Students may need to watch **ExpresaVisión** more than once in order to complete the activities on Activity Master 1.

GramaVisión 1
Gustar with infinitives

• **Pre-viewing** Review how to use **gustar** with nouns by asking students what they like and dislike.

• **Post-viewing** Write the headings **-ar, -er,** and **-ir** on an overhead transparency. Use a blue marker for **-ar,** yellow or red for **-er,** and green for **-ir.**

• Call on a student to write **cantar, comer,** and **escribir** under the appropriate head, using the appropriate color. Have volunteers add verbs they learned in **Vocabulario 1** under the appropriate headings.

Pronouns after prepositions

• **Pre-viewing** Tell students that they are going to learn about the pronouns that are used after prepositions. Ask students to call out some of the pronouns used after prepositions in English.

• **Post-viewing** After students have watched **GramaVisión,** write the new pronouns on the board. Give examples in Spanish, using the new pronouns for emphasis and after prepositions.

Present tense of querer with infinitives

• **Pre-viewing** Tell students to pay particular attention to the colors used to spell the forms of **querer** on the screen.

• **Post-viewing** Ask students which two forms of **querer** are in the same color as the infinitive **querer. (nosotros** and **vosotros)** Why? (These two forms keep the "e" of the infinitive. In all the other forms, the "e" changes to "ie".)

VideoCultura: Comparaciones

• **Pre-viewing** As student watch **Comparaciones,** ask them to list the adjectives that describe each interviewee.

• **Post-viewing** Pause between each of the interviews to allow students time to complete the activities on Activity Master 2.

ExpresaVisión 2

• **Pre-viewing** Tell students they are going to watch as Alejandra suggests various places and activities. Ask them to listen for what she finally decides to do.

• **Post-viewing** Play **ExpresaVisión** once through and allow students to get the gist of what is going on. Play it a second time and ask students to focus on why Alejandra says going to church isn't a good idea.

GramaVisión 2

Present tense of regular -ar verbs

- **Pre-viewing** Tell students that they are going to learn to use -**ar** verbs.

- Have students brainstorm a list of the -**ar** verbs that they have learned so far.

- **Post-viewing** Say a sentence using a conjugated form of an -**ar** verb that students know, without the subject pronoun. Ask a volunteer to restate the sentence, including the appropriate subject pronoun. Practice each form of -**ar** verbs several times.

Present tense of ir and jugar

- **Pre-viewing** Ask students to pay particular attention to the colors used to spell the forms of **jugar** on screen. Which two forms are in a different color from the rest? Why?

- **Post-viewing** After the presentation about the preposition **a,** ask students to list phrases in which they have seen the contraction **al** before.

Weather expressions

- **Pre-viewing** Ask students to brainstorm weather conditions. Write their suggestions on the board.

- **Post-viewing** Set up images of various weather conditions at the front of the room. Describe one of the images and ask a volunteer to point to the correct image. If you say **Hace sol,** the volunteer points to the picture of sunny weather.

Novela en video

- **Pre-viewing** Ask students to jot down notes about any culturally interesting or significant things they see. They might mention the backpacks, cobblestone streets, the school uniforms, and architectural elements.

- Ask students if they ever keep secrets from their friends. Have students discuss reasons someone might have for keeping a secret.

- **Post-viewing** Ask students the following comprehension questions about **¿Quién será?, Episodio 3.** 1. What does Sofía usually do on Friday afternoons? What does she end up doing this Friday afternoon? 2. How does Sofía feel about the ballet classes? How can you tell? 3. Why do students think Sofía doesn't tell her friends where she is going?

Variedades

- **Pre-viewing** Ask students what they know about Mexican performer Luis Miguel. (He was born in Puerto Rico but was raised in Spain and Mexico; was the most successful Latin star of the 90s; has a star on Hollywood's Walk of Fame; sings **boleros,** ballads)

- **Post-viewing** Ask students to count how many times Luis Miguel says **amor.** (24 times) You might want to mention that in the music video, Luis Miguel is on top of the Griffith Observatory in Los Angeles.

ExpresaVisión 1

Pre-viewing

1 Make a list of eight things you like to do in your free time. Then listen as Alejandra, a teenager from El Paso, Texas talks about the things she does and doesn't like to do. How many of the things she mentions are on your list?

_____

_____

_____

_____

Post-viewing

2 Put a ✔ next to the activities Alejandra likes and an **X** next to the activities she doesn't like.

__✔__ leer revistas   __✔__ navegar por Internet

__✔__ escribir cartas   __X__ jugar al tenis

__✔__ dibujar   __X__ hablar

__✔__ escuchar música   __✔__ pasar el rato sola

__✔__ comer

3 Read the sentences on the left that tell what various people like. Then match each sentence with the sentences on the right with the most similar meaning.

__e__   **1.** A Miguel le gusta la comida china, la comida italiana, la comida mexicana...

__c__   **2.** A Pablo le gusta la clase de arte.

__b__   **3.** A María y a Lupe les gustan los libros de aventura.

__f__   **4.** A Juan y a Luis les gusta Beyonce.

__d__   **5.** Gabi es extrovertida y simpática.

__a__   **6.** Julio es muy tímido.

> **a.** Le gusta pasar el rato solo.
> **b.** Les gusta leer.
> **c.** Le gusta dibujar.
> **d.** Le gusta hablar con las amigas.
> **e.** Le gusta comer.
> **f.** Les gusta escuchar música.

  (26)

VideoCultura: Comparaciones

Supplemental Vocabulary
A veces no entiendo. *Sometimes I don't understand.*
hacer fogatas *to make campfires*
pelota *ball (a game using a rubber-cored ball)*   **platicar** *to chat*

Pre-viewing

1 What kinds of things do you and your friends like to do on the weekends? List four or five activities you like to do and places you like to go. Use the vocabulary on pages 82–83 as much as possible.

Post-viewing

2 Check off what the interviewees say they like to do.

	Celina	**Rita**	**Roberto**
acampar		✔	
correr	✔		
estudiar			
jugar (a la pelota, al fútbol, etc.)	✔	✔	✔
hacer fogatas		✔	
nadar		✔	✔
salir al parque	✔		
platicar	✔		
patinar			✔
ver películas		✔	

3 What do the interviewees say they don't like to do? Choose the best expression from the box to complete each of the sentences below.

pasar el rato solo(a)   **la clase de matemáticas**   **estudiar**

1. A Rita no le gusta la clase de matemáticas. _____

2. A Roberto no le gusta estudiar. _____

3. A Celina no le gusta pasar el rato sola. _____

ExpresaVisión 2

1 What kinds of things do you and your friends like to do in your free time? Where do you go? Write a few sentences about your favorite activities and hang-outs.

_____

_____

_____

_____

2 Read the list of places and activities below. Then, check off the places and activities that Alejandra suggests to her friend.

_____ ir a la clase de español   _____ ir de compras

✔ ir a la iglesia   _____ jugar al tenis

_____ ir al centro comercial   _____ montar en bicicleta

✔ ir al cine   ✔ nadar

✔ ir al gimnasio   _____ patinar

✔ ir al parque   ✔ tocar el piano

3 Match the new Spanish words with the related English words in the box below.

| park | piano | study | gymnasium | idea |

1. **Estudiar** is related to the English word <u>study</u>.

2. **Gimnasio** is related to the English word <u>gymnasium</u>.

3. **Idea** is related to the English word <u>idea</u>.

4. **Parque** is related to the English word <u>park</u>.

5. **Piano** is related to the English word <u>piano</u>.

Novela en video

Supplemental Vocabulary		
Diga. *Hello. (a telephone greeting)*	**raro** *odd, strange*	
la hija *daughter*	**tampoco** *neither, not either*	**Vale.** *OK.*
nunca *never*	**tomar clases** *to take classes*	

Pre-viewing

1 What kinds of things do you like to do after school? Do you like to spend time with your friends or do you prefer spending time alone? Make a list in Spanish of some of the activities you like to do and places you like to go after school.

Post-viewing

2 Before you watch **¿Quién será?, Episodio 3,** read the statements below. Then, as you watch, tell to whom each of the statements refers.

Roque, el amigo de Sofía	Celeste, la amiga de Sofía	Sofía
Sra Corona, la madre de Sofía	La profesora	Marcos

Roque _____ **1.** Quiere ir a la piscina.

Sofía _____ **2.** A ella le gusta la música.

Sofía _____ **3.** A ella le gusta bailar.

Roque _____ **4.** Quiere ir a nadar.

Celeste _____ **5.** Quiere ir al cine.

Marcos _____ **6.** Va a El Paso.

3 Tell which character from **¿Quién será?, Episodio 3,** says each of the following things.

Sofía _____ **1.** Pero mamá, el ballet es aburrido.

Sra. Corona _____ **2.** Y te gusta bailar, ¿no es así, hija?

Sra. Corona _____ **3.** El ballet es música y es baile, hija, las dos cosas que más te gustan en todo el mundo.

Sofía _____ **4.** No, no quiero ir a la piscina. Y tampoco quiero ir al cine.

Sofía _____ **5.** Hoy, no quiero hacer nada. Voy a casa a estudiar.

Roque _____ **6.** ¿Quieres bailar? ¿Quieres ir al baile de la escuela?

La profesora _____ **7.** Tengo otra candidata. Es una chica de Texas.

Variedades

Supplemental Vocabulary			
nació *was born*	**esperanza** *hope*	**Dios** *God*	**para** *for*
alma *soul*	**besos** *kisses*	**anidaron** *nested*	**palomas** *doves*
luz *light*	**quedaron** *stayed*	**labios** *lips*	**cruz** *cross*

PRE-VIEWING

1 Write a list of three things that you expect to see in a music video entitled **Amor, amor, amor.**

Answers will vary. _____

_____

_____

POST-VIEWING

2 Complete the following verses from Variedades with the words from the box. Not all the words are used.

alma	amor	bailes	Dios	dos	mí	siempre	ti

Amor, amor, amor

Nació de __ti_____

Nació de __mí_____, de la esperanza

Amor, amor, __amor_____

Nació de __Dios_____ para los __dos_____

Nació del __alma_____.

3 Mark each statement below **a) cierto** or **b) falso,** according to the music video.

___a___ 1. Luis Miguel canta una canción *(song)* de amor.

___b___ 2. Luis Miguel toca el piano.

___b___ 3. Luis Miguel está en la playa.

___a___ 4. La familia celebra Navidad *(Christmas).*

___a___ 5. La familia está enfrente de *(in front of)* la iglesia.

___b___ 6. En el video hay *(there are)* revistas.

___a___ 7. En el video hay palomas *(doves).*

___b___ 8. Luis Miguel quiere escribir cartas.

Video Synopsis

Video Segment	Correlation to Student Edition	Activity Master	Scripts
GeoVisión	pp. 114–117	p. 32	pp. 114–115

• visual introduction to Costa Rica

Teaching Suggestions

Pre-viewing

• Ask students to locate Costa Rica on the map on page R5 of the Student Edition. Ask them to name the countries and bodies of water that surround Costa Rica.

• Before students watch **GeoVisión,** go over the pronunciation of the Supplemental Vocabulary and the terms in Activity 2 on Activity Master: Costa Rica.

Post-viewing

• Ask students which places in **GeoVisión** they would like to visit. Were there things in **GeoVisión** that surprised students? What were they?

• There are several dates discussed in **GeoVisión.** You might want to write the numbers on the board and go over their significance with students.

(31)

GeoVisión

Costa Rica

ACTIVITY MASTER

Supplemental Vocabulary		
las aves *birds*	**la caña de azúcar** *sugar cane*	**el mundo** *the world*
la paz *peace*	**el terremoto** *earthquake*	**último** *last*

Pre-viewing

1 How big is Costa Rica? Where is it located? With a classmate, talk about what kinds of things you expect to see in **GeoVisión**.

Post-viewing

2 Check off the what you see in **GeoVisión**.

✔ un bosque (*forest*)   ____ un partido (*game*) de béisbol

✔ unas montañas   ✔ una estatua

____ un centro comercial   ✔ una plantación de café

____ un palacio   ✔ una iglesia

____ la comida costarricense   ✔ una playa

✔ un parque   ✔ un jardín

✔ un cráter   ✔ unas ruinas

3 Choose the correct words from the box to complete the sentences below.

La agricultura	**la biodiversidad**	**la exportación**
el presidente	**primer**	

1. Cristóbal Colón (*Christopher Columbus*) fue (*was*) el _____**primer**_____ europeo en llegar (*to arrive*) a Costa Rica en 1502.

2. 5% de ____**la biodiversidad**____ del mundo se encuentra en Costa Rica.

3. ____**La agricultura**____ es la principal actividad económica de Costa Rica.

4. En 1987 el ____**presidente**____ de Costa Rica, Óscar Arias Sánchez, ganó (*won*) el premio Nóbel de la paz.

5. Puntarenas es un importante puerto (*port*) para ____**la exportación**____.

La vida escolar

Video Segment	Correlation to Student Edition	Activity Masters	Scripts
ExpresaVisión 1	pp. 120–123	p. 36	p. 101
GramaVisión 1	pp. 124–129		p. 101
VideoCultura	pp. 130–131	p. 37	p. 101
ExpresaVisión 2	pp. 132–135	p. 38	p. 101
GramaVisión 2	pp. 136–141		p. 101
Novela en video	pp. 142–143	p. 39	p. 101
Variedades		p. 40	p. 101

ExpresaVisión 1
• Rogelio has math class soon and he doesn't have the school supplies he needs. Ana María offers to lend him what he needs.

GramaVisión 1
• Indefinite articles; **¿cuánto?, mucho,** and **poco**
• Present tense of **tener** and some **tener** idioms
• The verb **venir** and **a** + time

Comparaciones
• The interviewer talks to three Spanish-speaking students about their school day.

ExpresaVisión 2
• Ana María invites Rogelio to go do various things in various places.

GramaVisión 2
• **Ir a** with infinitives
• The present tense of **-er** and **-ir** verbs and tag questions
• Some **-er** and **-ir** verbs with irregular **yo** forms

Novela en video
• Mateo borrows supplies for his geometry class from Nicolás. Later, Nicolás avoids hanging out with his friends, choosing instead to work on his sketches. Nicolás's friends are suspicious and decide to follow him. They find Marcos, the assistant, spying on Nicolás. The episode ends with another call from **la profesora,** who adds Costa Rica to Marcos's itinerary.

Variedades
• Public Service Announcement: for a tributo in a Uruguayan school district.

ExpresaVisión 1

- **Pre-viewing** Tell students that they are going to learn the words for school supplies in Spanish. Ask students to brainstorm in English all the school supplies someone might need for a math class. Write their suggestions on the board or on an overhead transparency.
- **Post-viewing** Ask a volunteer to circle the school supplies that were mentioned in **ExpresaVisión**.

GramaVisión 1

Indefinite articles; ¿cuánto?, mucho, and poco

- **Pre-viewing** Ask students to pay attention to the color-coding of words in **GramaVisión**. What significance do green and orange have? (green = masculine and orange = feminine)
- **Post-viewing** Write **un, ¿cuánto?, mucho,** and **poco** on an overhead transparency. Use orange for the feminine forms and green for the masculine forms. Ask volunteers to write all the forms of **un, ¿cuánto?, mucho,** and **poco** using the appropriate colors.

Present tense of tener and some tener idioms

- **Pre-viewing** Ask students to pay close attention to the spelling changes in the stem of **tener.**
- **Post-viewing** Do the spelling changes in **tener** remind students of a verb they learned in Chapter 3? (**querer**) Which form is different? (the **yo** form **tengo**)

The verb venir and a + time

- **Pre-viewing** Tell students they are going to learn to use the verb **venir,** which means *to come.*
- **Post-viewing** Review how to say *at a specific time.* Ask at what time something is going to happen. Write a time on the board and ask a volunteer to respond with the correct time.

VideoCultura: Comparaciones

- **Pre-viewing** Tell students they are going to listen to three Spanish-speaking students describe a typical school day. What information do students expect to hear in the interviews? (times, classes)
- **Post-viewing** Were students surprised by any of the classes the interviewees were taking? Are the interviewees' days similar to or different from those of most American students?

ExpresaVisión 2

- **Pre-viewing** Tell students that they are going to learn about various places around a school. Ask the class to brainstorm all of the rooms associated with a school. Write their suggestions on the board. Ask students to listen for these places as they watch **ExpresaVisión.**
- **Post-viewing** Ask students which of the places listed on the board were presented in **ExpresaVisión.** Circle the places and repeat the Spanish word for each place.

34

CAPÍTULO
4

GramaVisión 2
Ir a with infinitives

- **Pre-viewing** Have students brainstorm a list of all of the Spanish verbs they have seen so far. Write the infinitives on the board. Spot check comprehension by pointing to a verb and asking a volunteer to act out the meaning.

- **Post-viewing** Tell students you are going to do something: **Voy a...** Point to the appropriate infinitive on the board or overhead transparency. Ask volunteers to say something they are going to do and point to the infinitives they use.

The present tense of -er and -ir verbs and tag questions

- **Pre-viewing** Have students suggest words or phrases that English speakers tack on to the end of a statement to make it a question. (right, aren't you?)

- **Post-viewing** Have students practice tag questions in Spanish. Say a statement, **Te gusta el helado,** and ask a volunteer to turn it into a question using **¿verdad?** or **¿no?**

Some -er and -ir verbs with irregular yo forms

- **Pre-viewing** Review the conjugation of **-ar, -er,** and **-ir** verbs. Ask volunteers to conjugate one of each kind of verb on the board or on an overhead transparency.

- **Post-viewing** Ask students if they noticed any similarities in the **yo** forms of some of these verbs. (most of them have a **-go** in the **yo** form) Which verbs don't follow this rule? (**saber** and **ver**)

Novela en video

- **Pre-viewing** What do students remember about Nicolás and his friends Mateo and Julia? Ask volunteers to describe the characters in Spanish. To refresh students' memories about the characters, tell them to look at each character's photos on Activity Master 1 in Chapter 2 of *Video Guide*.

- **Post-viewing** Ask students the following questions about **¿Quién sera?, Episodio 4:** At what time does Nicolás have math class? Why does Nicolás say **Voy a...** twice? Why does Julia ask Nicolás for the name of his favorite TV show? What does Nicolás reply? Why?

Variedades

- **Pre-viewing** Explain to students that a **tributo** is a tax. Ask them to pay attention to Variedades to figure out what the tax is used for.

- **Post-viewing** Ask students what the money from the **tributo de educación primaria** goes toward. (feeding school children) What are some foods shown? (milk, pasta, apples)

35

ExpresaVisión 1

Pre-viewing

1 You're going to learn the Spanish words for some school supplies. Can you match these words to their meanings?

___b___ 1. papel

___c___ 2. calculadora

___a___ 3. regla

a. ruler
b. paper
c. calculator

Post-viewing

2 In the chart below, check off the things that Ana María offers Rogelio. Then watch **ExpresaVisión** again, and check off the things that Rogelio actually borrows.

	Ana María offers:	Rogelio borrows:
papel	✔	✔
lápiz/lapices	✔	✔
una regla	✔	✔
una calculadora	✔	✔
un reloj	✔	
unos zapatos	✔	

3 Choose the correct word or phrase to complete these sentences about **ExpresaVisión.**

___a___ 1. Rogelio y Ana María están en _____.
a. el colegio   **b.** el gimnasio   **c.** la iglesia

___b___ 2. Son las _____ y veinte.
a. ocho   **b.** nueve   **c.** diez

___b___ 3. Rogelio tiene la clase de_____ a las nueve y media.
a. español   **b.** matemáticas   **c.** inglés

___c___ 4. Rogelio necesita _____.
a. un reloj   **b.** unos zapatos   **c.** un lápiz

___a___ 5. Ana María es _____.
a. extrovertida   **b.** tímida   **c.** antipática

VideoCultura: Comparaciones

Supplemental Vocabulary

asistir a *to attend*	**la jornada** *day*	**la lengua** *language*
desarrollar *to develop*	**escoger** *to choose*	**talleres** *workshop*

Pre-viewing

1 You're going to hear three interviewees talk about their typical school day. First, answer the questions below about your typical school day. **Answers will vary.**

   1. ¿A qué hora vas al colegio? _____

   2. ¿A qué hora regresas *(go back)* a tu casa? _____

   3. ¿Qué materias tienes? _____

   4. ¿Cuál es tu materia preferida? _____

Post-viewing

2 In the chart below, check of the subjects each interviewee has.

	Julio	Jasna	Sol
ciencias naturales (química, física, biología)		✔	✔
educación física			✔
español (castellano)	✔	✔	
historia/ciencias sociales	✔	✔	✔
idioma *(language)* **(inglés, francés, alemán, lengua)**	✔	✔	✔
matématicas	✔	✔	✔
música			✔

3 What is each interviewee's favorite subject?

   __c__ **1.** Sol

   __b__ **2.** Jasna

   __a__ **3.** Julio

   a. matemáticas
   b. ciudad contemporánea
   c. gimnasia, educación física y matemáticas

ExpresaVisión 2

Pre-viewing

1 In **ExpresaVisión,** you will learn about the rooms and places in a school. Many of these places are cognates, words related to their English equivalents. Can you figure out the meaning of these three words?

examen	cafetería	concierto

1. Me gusta la música. Voy a un _____ mañana.

2. En el colegio, los estudiantes comen en la _____.

3. A veces los estudiantes necesitan pasar un _____.

Post-viewing

2 Write the name of each place at school on the line below the photo.

el auditorio	la biblioteca	el gimnasio	el salón de clases

1. el salón de clases

2. la biblioteca

3. el gimnasio

4. el auditorio

Novela en video

Supplemental Vocabulary		
No importa *Never mind*	**pelota** *ball*	**¡Qué lástima!** *What a shame!*
Me devuelves... *You're going to give me back . . .*		**Vale.** *OK*

Pre-viewing

1 In Spanish, list at least three school supplies you usually have at school with you.

_____

_____

_____

Post-viewing

2 In the list below, check off the school supplies that Mateo asks Nicolás for.

_____ un bolígrafo   _____ una mochila

_____ un diccionario   _____ una computadora

✔ una calculadora   ✔ papel

✔ un lápiz   _____ un cuaderno

_____ una carpeta   ✔ una regla

3 Which of the following best summarizes what happened in **¿Quién sera?**, **Episodio 4?**

✔ **1.** Mateo pide prestados *(borrows)* los útiles escolares a Nicolás. Nicolás quiere ir a dibujar pero no quiere decir *(to say, to tell)* a sus amigos qué va a hacer.

_____ **2.** Mateo no tiene útiles escolares para su clase de matemáticas. Pide prestados los útiles a Nicolás. Nicolás, Julia y Mateo hablan de la televisión.

_____ **3.** Marcos está en Puerto Rico. Saca fotos de Nicolás. La profesora dice *(says)* que Marcos tiene que ir a Costa Rica después de ir a Texas.

Variedades

Supplemental Vocabulary		
se alimenta *eats*	**mejor** *better*	**niños** *children*
puedan *can*	**debemos** *we must*	**lo que** *what*
empezamos *started*	**juntos** *together*	**olviden** *forget*
tributación *taxation*	**pequeño** *small*	**aporte** *contribution*
pasado *past*	**futuro** *future*	

PRE-VIEWING

1 In a small group, brainstorm ideas on how the government can remind its citizens to pay their taxes. Share your ideas with the rest of the class.

POST-VIEWING

2 Write the letter of the correct response.

___c___ **1.** In what country was this public service announcement shown?
  a. Argentina
  b. Costa Rica
  c. Uruguay

___b___ **2.** What is the tax for?
  a. familias trabajadoras
  b. educación primaria
  c. estudiantes inteligentes

___a___ **3.** Where, most likely, are the children?
  a. la cafetería
  b. la biblioteca
  c. el estadio

___b___ **4.** Whose name is mentioned as one of the children who eats well?
  a. Alicia
  b. Gabriela
  c. Carlos

___c___ **5.** How often do the citizens contribute to this program?
  a. todos los días
  b. casi nunca
  c. anual

Video Synopsis

Video Segment	Correlation to Student Edition	Activity Master	Scripts
GeoVisión	pp. 152–155	p. 42	p. 101

- visual introduction to Chile

Teaching Suggestions

Pre-viewing

- Ask students to share what they already know about Chile and what they expect to see in **GeoVisión.** Keep their responses on the board or on a transparency for follow-up after they've seen **GeoVisión.**

Post-viewing

- Play **GeoVisión** once without sound. Ask students to list what they see. Compare the visual images with what students expected to see in **GeoVisión.**

- Students may need to see **GeoVisión** more than once to complete the activities on Activity Master: Chile.

GeoVisión

Chile

ACTIVITY MASTER

Supplemental Vocabulary			
altura *altitude*	**cobre** *copper*	**escritor** *writer*	**lago** *lake*
montañas *mountains*	**norte** *north*	**puerto** *port*	**sur** *south*

Pre-viewing

1 Write the related English word next to each of the Spanish words listed below. Can you think of any other English words that belong to the same word families?

territory	desert	ruins	varied	to found (a city)	coast

1. costa   coast; coastal
2. desierto   desert; deserted
3. fundar   to found (a city); founder
4. ruinas   ruins
5. territorio   territory
6. variado   varied; variation, variety

Post-viewing

2 Match these people, places, and things from **GeoVisión** with the appropriate descriptions.

___d___ 1. Isabel Allende y Gabriela Mistral

___g___ 2. Santiago

___c___ 3. La cueca

___b___ 4. Los Andes

___f___ 5. Don Pedro de Valdivia

___a___ 6. Isla de Pascua

___e___ 7. Valparaíso

a. la isla donde están las ruinas de unas grandes estatuas antiguas
b. las montañas del este de Chile
c. el baile nacional de Chile
d. famosas escritoras chilenas
e. el puerto más importante de Chile
f. el fundador español de Santiago
g. la capital de Chile

(42)

En casa con la familia

Video Segment	Correlation to Student Edition	Activity Masters	Scripts
ExpresaVisión 1	pp. 158–161	p. 46	p. 101
GramaVisión 1	pp. 162–167		p. 101
VideoCultura	pp. 168–169	p. 47	p. 101
ExpresaVisión 2	pp. 170–173	p. 48	p. 101
GramaVisión 2	pp. 174–179		p. 101
Novela en video	pp. 180–181	p. 49	p. 101
Variedades		p. 50	p. 101

ExpresaVisión 1
• Elena, from Santiago, Chile, introduces her family.

GramaVisión 1
• Possessive adjectives
• Stem-changing verbs: o → ue
• Stem-changing verbs: e → ie

Comparaciones
• The interviewer talks to several Spanish-speaking teenagers about their families.

ExpresaVisión 2
• A real estate agent shows Elena and her father photos of a house she thinks is perfect for them. Elena can only picture the chores she'll have to do in each room.

GramaVisión 2
• **Estar** with prepositions
• Negation with **nunca, tampoco, nadie,** and **nada**
• **Tocar** and **parecer**

Novela en video
• Sofía and Nicolás are facing a Saturday morning full of chores. Sofía approaches her jobs with comic exaggeration and a smile. Nicolás is more gloomy about having to spend his Saturday working. In the end he flees his home to get out of yet another job.

Variedades
• Music video: Bonito, by Jarabe de Palo, from Spain

43

ExpresaVisión 1

• **Pre-viewing** Ask students which family members they would include if someone asked them how many people were in their family.

• **Post-viewing** Ask students whether Elena includes any family members that surprise them. Which ones. Which fingers does Elena hold up to indicate the number two? Are they the same fingers your students use or are they different ones?

GramaVisión 1
Possessive adjectives

• **Pre-viewing** Tell students they are going to see a presentation about possessive adjectives. Ask students what words in English express possession.

• **Post-viewing** Ask students how Spanish possessive adjectives are different from those in English. (The choice of adjective depends not only on the owner, but also on the gender and number of the object being possessed.)

Stem-changing verbs: o → ue

• **Pre-viewing** Tell students that they are going to learn some other verbs like **jugar** and **querer** that have a spelling change in the stem of the verb. Ask students to pay particular attention to the colors used to spell the forms of **dormir** and **almorzar.**

• **Post-viewing** Ask students which two forms of the verbs are spelled using the same color as the infinitive. (**nosotros** and **vosotros**) Why do the other forms use a different color? (The stem's spelling is different from the infinitive's.)

Stem-changing verbs: e → ie

• **Pre-viewing** Tell students that they are going to see a presentation of more stem-changing verbs: **merendar** and **empezar.** Can they predict which forms will keep the vowel of the infinitive and which forms will have the spelling change?

• **Post-viewing** Ask students whether or not their predictions about which forms would have the stem changes were correct. Play **GramaVisión** a second time. Can students guess what **merendar** and **empezar** mean?

VideoCultura: Comparaciones

• **Pre-viewing** Tell student that as they watch **Comparaciones** they should make a note of how many people each of the interviewees has in his or her family.

• **Post-viewing** Pause **Comparaciones** after each interview and ask students to sum up, in Spanish, what they learned about each interviewee's family.

ExpresaVisión 2

• **Pre-viewing** Ask students to brainstorm the names of the rooms in a house. Write the rooms on the board or on a transparency. As students watch **ExpresaVisión,** ask them to note how many of the rooms from their list are discussed.

• **Post-viewing** Discuss any cultural differences students noticed. (Students might point out the apparent lack of a dishwasher and microwave oven in the kitchen, and the lack of a computer, telephone, and television in the bedroom.)

GramaVisión 2

Estar with prepositions

- **Pre-viewing** Review **¿Cómo estás?** and **¿Cómo está?** with students. Tell students that they are going to learn another use of the verb **estar.**

- **Post-viewing** Ask each student to get out a pen or pencil. Play **GramaVisión** again and ask students to place their pen in the same relation to their desk as Pedro is in relation to the table.

Negation with nunca, tampoco, nadie, and nada

- **Pre-viewing** Review negation in Spanish by asking students yes-no questions about celebrities and their classmates. Phrase all of the questions so that students will answer in the negative. Tell students that they are going to learn some more negative expressions in Spanish. Ask volunteers to name some other words in English used for negation (never, nothing, no one)

- **Post-viewing** Write **nunca, nadie, tampoco,** and **nada** in one column on the board or on an overhead transparency. In a second column, write *no one, never, not either,* and *nothing.* A volunteer draws a line from a Spanish word to the English.

Tocar and parecer

- **Pre-viewing** Review the use of **gustar** with students by asking about their likes and dislikes, and the likes and dislikes of classmates and celebrities.

- **Post-viewing** Pause **GramaVisión** after **tocar.** Ask students which forms of the verb they will use.

Novela en video

- **Pre-viewing** Tell students that in this episode of **¿Quién sera?, Episodio 5** they are going to watch as Sofía and Nicolás do chores around the house. What attitude do they think Sofía and Nicolás will have about doing their chores? Ask volunteers to describe Sofía and Nicolás in Spanish. Have students look back at the photos of the two teenagers on page 29 of their textbook as a reminder.

- **Post-viewing** Ask students to discuss the following comprehension questions: How do Sofía and Nicolás feel about doing their chores? Are Sofía's mother and Nicolás's grandmother really as strict as the two teenagers say? Ask students what they think of Sofía and Nicolás's attitudes about doing chores. Are students' attitudes more like Sofía's, Nicolás's, or neither one?

Variedades

- **Pre-viewing** Tell students they are going to watch a music video by Jarabe de Palo, a band from Spain whose singer and songwriter is Pau Donés. As students watch Variedades, encourage them to make a list of the words they understand. Students can then share their lists with the rest of the class.

- **Post-viewing** You might want to point out that the five men walking behind the singer are the band members. Ask students what is the tone of the song. (optimistic, happy)

ExpresaVisión 1

Pre-viewing

1 How many people are in your family? In the space below, make a note of your family members. As an alternative, you may choose to write about a famous family from television or the movies.

_____

_____

_____

_____

Post-viewing

2 In the list below, check off the relatives that Elena introduces.

✔ su abuela   _____ su hermano

_____ su abuelo   _____ su tía

✔ su madre   ✔ su tío

✔ su padre   _____ su prima

✔ su hermana   ✔ su primo

3 Which family tree best represents Elena's family?

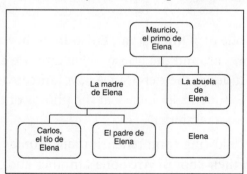 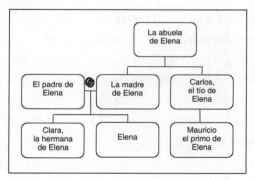

VideoCultura: Comparaciones

Supplemental Vocabulary		
aniversario *anniversary*	**una mascota** *a pet*	**las pecas** *freckles*
compleaños *birthday*	**linda** *pretty, beautiful*	

Pre-viewing

1 You're going to hear three Spanish-speaking teenagers talk about their families. Work with a partner to write a list of words that you think the interviewees will use in the space below.

_____

_____

_____

_____

Post-viewing

2 How many of the words on your list did the interviewees use? Put a checkmark next to the words you heard in the interviews.

3 Read the questions below. Then, after you've watched, answer the questions about the three interviewees and their families.

___a___ **1.** Cristian es de...
    a. Argentina.   **b.** Chile.   **c.** México.

___b___ **2.** Hay ____ personas en la familia de Cristian.
    a. cuatro.   **b.** cinco.   **c.** seis.

___b___ **3.** El padre de Cristian tiene ____ años.
    a. 39.   **b.** 40.   **c.** 50.

___c___ **4.** Amaru es de...
    a. España.   **b.** Argentina.   **c.** Chile.

___c___ **5.** En la familia de Amaru, hay ____.
    a. un perro   **b.** dos perros y un gato   **c.** dos perros y dos gatos

___c___ **6.** ____ de Amaru es trabajadora, pequeña y linda.
    a. El hermano mayor   **b.** La hermana   **c.** La madre

___a___ **7.** El hermano mayor de Rebeca ____
    a. tiene pelo negro.   **b.** es rubio.   **c.** es pelirrojo.

___b___ **8.** Hay ____ personas en la familia de Rebeca.
    a. cuatro.   **b.** cinco.   **c.** seis.

ExpresaVisión 2

Pre-viewing

1 On a separate sheet of paper, list some words you would want to learn in order to talk in Spanish about your ideal house.

Post-viewing

2 As you watch **ExpresaVisión,** write the name of the room on the first line below each photo.

el baño	la habitación	la cocina	la sala

1. el baño
   lavar los baños

2. la sala
   pasar la aspiradora

3. la cocina
   lavar los platos

4. la habitación
   hacer la cama

3 On the second line below each photo, write the name of the chore that Elena pictures herself doing in that room.

hacer la cama	lavar los baños	lavar los platos	pasar la aspiradora

48

Novela en video

Pre-viewing

1 Look at this photo from **¿Quién sera?, Episodio 5.**
What do you think the people are saying? Write
their conversation on a separate sheet of paper.

Post-viewing

2 In the chart below, place a checkmark beside the
chores Sofía and Nicolás have to do. Place an **X**
next to the chore one of them refuses to do.

	Sofía	Nicolás
arreglar el cuarto		✔
cortar el césped		✔
cuidar a los hermanos		
lavar los platos	✔	
lavar el carro del padre		X
limpiar el baño		
limpiar el garaje		✔
pasar la aspiradora	✔	
sacar la basura	✔	

3 Read the statements below about **¿Quién sera?, Episodio 5.** Tell whether each
statement is **a) cierto** or **b) falso.**

___b___ **1.** A Quique le toca lavar los platos.

___b___ **2.** La familia de Sofía hace los quehaceres los viernes.

___a___ **3.** Sofía tiene un hermano menor.

___b___ **4.** Nicolás ayuda a su hermana a lavar el carro de su padre.

___a___ **5.** El padre de Nicolás es mecánico.

___a___ **6.** Al padre de Nicolás le gusta tener un garaje muy organizado.

4 Work with a classmate to correct the false sentences from Activity 3.

Variedades

Supplemental Vocabulary			
lugar *place*	**vida** *life*	**respira** *breathe*	**pana** *buddy*
pena *trouble*	**chiste** *joke*	**nacer** *to be born*	**paz** *peace*
verdad *truth*	**risa** *laughter*	**gente** *people*	**mar** *sea*

PRE-VIEWING

1 Look at the words that appear in Variedades. Match the words that rhyme.

___b___ **1.** pesa *(weighs)*

___c___ **2.** amistad *(friendship)*

___a___ **3.** arrepiente *(regrets)*

___d___ **4.** brisa *(breeze)*

a. miente *(lies)*

b. interesa *(interests)*

c. calidad *(quality)*

d. prisa *(hurry)*

POST-VIEWING

2 Check off the things that the singer thinks are **bonito.**

✔ mañana

✔ lugar

✔ la cama

___ el sofá

✔ el día

✔ la vida

✔ la paz

___ la cocina

___ el colegio

✔ la verdad

___ el deporte

✔ la risa

___ el perro

✔ la casa

___ lentes

___ la ciudad

___ la química

✔ la brisa

3 Write the letter of the correct response.

___b___ **1.** ¿Qué le parece bonito?
  d. nada
  e. todo
  f. España

___a___ **2.** ¿Dónde están?
  a. En el campo.
  b. En la ciudad.
  c. En la playa.

___b___ **3.** ¿Qué <u>no</u> vemos en el video?
  a. Una silla de ruedas.
  b. Un edificio.
  c. Estudiantes.

Video Synopsis

Video Segment	Correlation to Student Edition	Activity Master	Scripts
GeoVisión	pp. 190–193	p. 52	p. 101

• visual introduction to Mexico

Teaching Suggestions

Pre-viewing

• Ask if any students have been to Mexico. Where did they go? What did they do and see?

• Ask students to share what they already know about Mexico. What do they expect to see in **GeoVisión**? Keep their responses on the board or on a transparency for follow-up after they've seen the video.

Post-viewing

• Play **GeoVisión** once through without sound. Ask students to list things they see. Compare the visual images with the list on the board or transparency of what students expected to see.

• Ask students if there were places and things in **GeoVisión** that they hadn't expected to see. If they were to shoot an alternative video, what scenes would they include?

• Students may need to see **GeoVisión** more than once in order to complete the activities on Activity Master: GeoVisión.

51

GeoVisión | México

Supplemental Vocabulary		
ancho *wide*	**antigua** *ancient*	**azulejos** *tiles*
la luna *the moon*	**los muebles** *furniture*	**platería** *objects made of silver*
el puerto *port*	**talavera** *a kind of brightly colored pottery*	

Pre-viewing

1 Write each English term next to the correct Spanish word.

inhabitants	**paintings**	**convent**
constructed	**pyramids**	**battles**

1. las batallas battles
2. construida constructed
3. el convento convent
4. los habitantes inhabitants
5. las pinturas paintings
6. la pirámide pyramid

Post-viewing

2 Match these places from **GeoVisión** with the correct descriptions.

___e___ **1.** Distrito Federal
　　　　　　(o Ciudad de México)

___b___ **2.** Puebla

___a___ **3.** Cholula

___d___ **4.** Guadalajara

___f___ **5.** Oaxaca

___c___ **6.** Veracruz

a. La pirámide de Tipanipa, la pirámide más ancha del mundo, está en esta ciudad.

b. Una ciudad famosa por la talavera

c. Esta ciudad está en un puerto en el Golfo de México.

d. Los famosos mariachis y el ballet folklórico son de esta ciudad.

e. la capital de México

f. La gente que vive aquí hace muchas artesanías, como los alebrijes, que son figuras fantásticas de madera.

¡A comer!

Video Segment	Correlation to Student Edition	Activity Masters	Scripts
ExpresaVisión 1	pp. 196–199	p. 56	p. 101
GramaVisión 1	pp. 200–205		p. 101
VideoCultura	pp. 206–207	p. 57	p. 101
ExpresaVisión 2	pp. 208–211	p. 58	p. 101
GramaVisión 2	pp. 212–217		p. 101
Novela en video	pp. 218–219	p. 59	p. 101
Variedades		p. 60	p. 101

ExpresaVisión 1

• Sofía's father is making soup. Sofía comes into the kitchen to get something to eat.

GramaVisión 1

• **Ser** and **estar**

• **Pedir** and **servir**

• **Preferir, poder,** and **probar**

VideoCultura: Comparaciones

• The interviewer talks to several Spanish-speaking teenagers about their favorite foods and typical dishes from their countries.

ExpresaVisión 2

• Sofía and her brother Quique prepare breakfast.

GramaVisión 2

• Direct objects and direct object pronouns

• Affirmative informal commands

• Affirmative informal commands with pronouns

Novela en video

• Sofía plans to make her parents' anniversary dinner. She arrives home late and her little brother shows her the menus he has made. Sofía asks him to set the table and then, since she doesn't have much time, she orders food to be delivered. When Mr. and Mrs. Corona arrive at the house, they are greeted by Sofía and Quique pretending to be restaurant workers. They seat their parents at a "special" table and show them the menu. Unfortunately, the restaurant doesn't have anything that the parents want to eat. Just as they ask what is available, the food delivery arrives. Sofía hands her dad the bill.

Variedades

• Two television commercials: Pan Bimbo from México and from Uruguay

ExpresaVisión 1

• **Pre-viewing** Have each student draw a place setting on a piece of paper. Discuss which items students should include (knife, fork, spoon, plate, glass, napkin, etc.) Tell students to label each item as they watch **ExpresaVisión.**

• **Post-viewing** Ask volunteers to share their place settings with the class. Were there any items students didn't learn the words for? More vocabulary is presented in **Vocabulario 1** in the Student Edition.

GramaVisión 1

Ser and estar

• **Pre-viewing** Ask if students have ever wondered whether to use **ser** or **estar** in a sentence. Tell them that in **GramaVisión,** they are going to learn some rules that will help them decide which verb to use in a particular sentence.

• **Post-viewing** Create a two-column chart on the board or on an overhead transparency. Title one column **Ser** and the other **Estar.** Suggest a use of one of the verbs and ask a volunteer to tell you in which column to write it. For example, if you say *to describe people,* the volunteer tells you to write that under **ser.** Continue until the chart contains all of the uses presented in **GramaVisión.**

Pedir and servir

• **Pre-viewing** Review stem-changing verbs that students have already seen (**almorzar, dormir, empezar, entender, llover, merendar, querer,** and **volver**) by asking students questions with the verbs. Ask a volunteer to tell you in which two forms of the verb there is no spelling change (**nosotros** and **vosotros**)

• **Post-viewing** Were students able to guess the meaning of the two verbs? (*to order* and *to serve*) Ask a volunteer to summarize the spelling change in these two verbs. Which two forms did not have the spelling change?

Preferir, poder, and probar

• **Pre-viewing** Tell students that they are going to see a visual presentation of some more stem-changing verbs: **preferir, probar,** and **poder.** Can they predict which forms will keep the same vowel as the infinitive (**nosotros** and **vosotros**) and which forms will have the spelling change (**yo, tú, él, ellos**)?

• **Post-viewing** Ask students whether or not their predictions about which forms would have the stem changes were correct.

VideoCultura: Comparaciones

• **Pre-viewing** Ask student to brainstorm foods they associate with various parts of the United States. What dishes do students associate with other countries?

• **Post-viewing** Ask students to tell what they understood about each interviewee's favorite dish. Are these dishes typically served in the United States?

ExpresaVisión 2

- **Pre-viewing** Ask students to brainstorm breakfast foods. As students watch **ExpresaVisión,** ask them to note how many of the foods from their list are mentioned. Also ask them to listen to the word for *breakfast.*

- **Post-viewing** Were students able to figure out the word for *breakfast?* You might want to replay Sofía's line **Tenemos que preparar el desayuno, no el almuerzo.** Ask students to discuss the breakfast foods Sofía serves for breakfast. Are these breakfast foods served in the United States?

GramaVisión 2
Direct objects and direct object pronouns

- **Pre-viewing** Write several short sentences in English and Spanish on the board. Ask volunteers to underline the direct object in each sentence.

- **Post-viewing** Ask students the significance of the colors green and orange in **GramaVisión.** (Words in green are masculine and words in orange are feminine.)

Affirmative informal commands

- **Pre-viewing** Tell students they are going to learn to give commands in Spanish. Ask a volunteer to give some examples of commands in English.

- **Post-viewing** Ask students to discuss the verbs that have irregular command forms. What do these verbs have in common? (all are irregular in the present tense) What do their command forms have in common? (they are short, only 2 or 3 letters)

Affirmative informal commands with pronouns

- **Pre-viewing** Write sentences with direct objects on the board. Ask students to rewrite each sentence using the correct pronoun.

- **Post-viewing** Ask a volunteer where the pronoun goes in an informal command (attached to the end of command) and what else students have to remember when using a pronoun with a command (accent). Have students discuss how they will know where to put the accent (stressed syllable).

Novela en video

- **Pre-viewing** Ask students if they ever prepare surprises for their families on special occasions. What kinds of things do they plan?

- **Post-viewing** Ask students to discuss how the dinner turns out. Is there anything ironic about what happens? Ask students where Marcos is heading next. Why do they think he and **la profesora** are investigating these teenagers?

Variedades

- **Pre-viewing** Tell students they are going to watch two commercials: one from Uruguay and one from Mexico.

- **Post-viewing** Explain that **matanga dijo la changa** is a Mexican saying used when a person grabs something out of someone's hand. Pause Variedades when the sandwich is shown and ask students to name the ingredients. (**pan, queso, jamón, tomate**)

55

ExpresaVisión 1

Pre-viewing

1 In **ExpresaVisión 1,** you are going to learn some foods and other kitchen-related words. Can you match these Spanish words with their English meanings?

___c___ **1.** la ensalada

___d___ **2.** el jamón

___a___ **3.** la sopa

___b___ **4.** el tomate

a. soup
b. tomato
c. salad
d. ham

Post-viewing

2 Choose the word from the box that goes with each picture. Write the word in the correct blank.

el cuchillo	la cuchara	el tenedor	la servilleta

1.   **2.**   **3.**   **4.**

1. _la servilleta_ _____

2. _la cuchara_ _____

3. _el cuchillo_ _____

4. _el tenedor_ _____

3 Fill in the blanks in the following sentences with words and phrases from **ExpresaVisión 1.**

salada	sándwich	ensalada	Qué tal	refresco

1. Sofía quiere un _____sándwich_____ de jamón, pero el jamón está
malo. Entonces, va a beber un _____refresco_____ y va a comer
_____una ensalada_____ .

2. —¿Qué tal está _____la sopa_____ ?

   —Está _____salada_____ .

(**56**)

VideoCultura: Comparaciones

Supplemental Vocabulary

ajo *garlic*	**cebolla** *onion*	**guandules** *a kind of pea*
arroz *rice*	**crema** *cream*	**granada** *pomegranate*
carne *meat*	**frijoles** *beans*	**pescado** *fish*

Pre-viewing

1 What dishes are typical of your area? Which is your favorite?

_____

_____

_____

_____

Post-viewing

2 Match each of the dishes listed below with its ingredients.

___b___ **1.** Los chiles en nogada

___c___ **2.** El moro de guandules con pescado

___a___ **3.** El gallo pinto

> **a.** arroz, frijoles, cebolla, chile y cilantro
> **b.** chiles poblanos, carne, pasitas, acitrón, crema, nueces y granada
> **c.** guandules, arroz, salsa, pescado

3 Now under the photo of each interviewee, write the name of her favorite regional dish.

El moro de	El gallo	los chiles
guandules con	pinto	en nogada
pescado		

ExpresaVisión 2

Pre-viewing

1 In the space below, make a list of what you usually have for breakfast on school days and on weekends.

_____

_____

_____

_____

Post-viewing

2 Write the name of each food item on the line below the photo.

los huevos	el pastel	el maíz
el tocino	la zanahoria	

   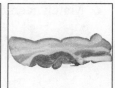

| el maíz | el pastel | la zanahoria | los huevos | el tocino |

3 Contesta **a) cierto** o **b) falso?**

_b_ **1.** Sofía prepara un sandwich de jamón.

_b_ **2.** Sofía va a poner la mesa.

_a_ **3.** A Quique le gusta el pastel.

_b_ **4.** Quique pone una ensalada de frutas, unos pescados y unos refrescos en la mesa.

_a_ **5.** Quique prefiere los refrescos.

Novela en video

Pre-viewing

1 Sofía and Quique are planning a special dinner for their parents. Get together with a partner and discuss what you think will happen.

Post-viewing

2 Put the following events from **¿Quién será?, Episodio 5** in the correct order.

___4___ **a.** Los señores Corona llegan a casa.

___7___ **b.** La señora Corona pregunta cuál es la especialidad de la casa.

___3___ **c.** Sofía llama a un restaurante.

___5___ **d.** Quique da *(gives)* los menús a sus padres.

___6___ **e.** El señor Corona pregunta qué tal está el bistec.

___1___ **f.** Quique hace los menús para la cena.

___8___ **g.** Un hombre llega a la casa con la comida.

___2___ **h.** Sofía llega a casa.

3 Choose the word or phrase that best completes each sentence.

___b___ **1.** _____ pone la mesa.
  a. Sofía
  b. Quique
  c. El señor Corona

___b___ **2.** Sofía _____ la cena de sus padres.
  a. paga
  b. pide
  c. prueba

___b___ **3.** _____ paga la cuenta.
  a. Quique
  b. El señor Corona
  c. Sofía

___c___ **4.** Sofía llega a casa _____ .
  a. a las dos de la tarde
  b. temprano
  c. tarde

___c___ **5.** Los señores Corona comen _____ .
  a. tamales
  b. bistec
  c. flautas

Nombre _____ Clase _____ Fecha _____

Variedades

Supplemental Vocabulary		
incluso *including*	**demás** *others*	**caja** *check-out*
además *besides*	**tarjeta** *(credit) card*	**matanga** *act of taking*
dijo *said*	**changa** *female monkey*	*something from some-*
abusadores *abusive*		*one else's hand*

PRE-VIEWING

1 Look at the list of Spanish words that will appear in Variedades. Write the English equivalent next to each of the words.

discount	percent	service	special	supermarket

1. supermercado ___supermarket___
2. por ciento ___percent___
3. descuento ___discount___
4. servicio ___service___
5. especial ___special___

POST-VIEWING

2 Mark each statement below **a) cierto** or **b) falso,** according to the first commercial.

___b___ 1. El supermercado se llama Descuento.

___a___ 2. El descuento es en todos los productos.

___b___ 3. El descuento no es todos los días.

___a___ 4. Devoto, todas las tardes, descuenta todo.

3 Complete the following sentences, according to the second commercial. Not all the words in the box are used.

dulce	hermanos	pan	postre	sándwiches	tostado

1. Bimbo Kids es ___pan___.
2. Él hace un sándwich con pan ___tostado___.
3. Bimbo Kids es ideal para los niños y los ___hermanos___.
4. La mamá trae ___sándwiches___.

Video Guide
(60)

Video Synopsis

Video Segment	Correlation to Student Edition	Activity Master	Scripts
GeoVisión	pp. 228–231	p. 62	p. 101

• visual introduction to Argentina

Teaching Suggestions

Pre-viewing

• Ask students to locate Argentina on the map on page R6 of the Student Edition. Have them name the countries and bodies of water that surround Argentina.

• Ask students to tell you what they already know about Argentina. What do they expect to see in the video.

Post-viewing

• Ask students if there were places or things in **GeoVisión** that they hadn't expected to see. What were they?

• Have students work with a partner to compare their answers to the activities on the Activity Master. Students may need to see **GeoVisión** multiple times to complete the activities.

  (61)

GeoVisión

Argentina

Supplemental Vocabulary		
se alzó *was raised*	**barrio** *neighborhood*	**una bombilla** *a straw*
catarata *waterfall*	**cerro** *hill*	**el corazón** *heart*
cordillera *mountain range*	**poblado** *settlement*	**tierra** *land*

Pre-viewing

1 Write the related English word next to each of the Spanish words listed below. Can you think of any other English words that are related?

nautical	tourism	multicolored	mountain	paradise	symbol

1. multicolores multicolored
2. montaña mountain
3. náuticos nautical
4. paraíso paradise
5. símbolo symbol
6. turismo tourism

Post-viewing

2 Complete these statements about places and things from **GeoVisión** with the appropriate words from the box below.

turistas	símbolo	tierra	Rosada	montaña

1. La Casa Blanca de Argentina es La Casa _____ Rosada _____ .
2. La pampa es una región que tiene _____ tierra _____ muy fértil. Es buena para el cultivo.
3. La _____ montaña _____ más alta del continente americano es el Cerro Aconcagua en la provincia de Mendoza.
4. Miles de _____ turistas _____ de todo el mundo van a Argentina ver el Glaciar Perito Moreno.
5. El Cabildo es un _____ símbolo _____ de la independecia argentina.

Cuerpo sano, mente sana

Video Segment	Correlation to Student Edition	Activity Masters	Scripts
ExpresaVisión 1	pp. 234–237	p. 66	p. 101
GramaVisión 1	pp. 238–243		p. 101
VideoCultura	pp. 244–245	p. 67	p. 101
ExpresaVisión 2	pp. 246–249	p. 68	p. 101
GramaVisión 2	pp. 250–255		p. 101
Novela en video	pp. 256–257	p. 69	p. 101
Variedades		p. 70	p. 101

ExpresaVisión 1
• Brando talks about what he needs to do to get ready to film a commercial.

GramaVisión 1
• Verbs with reflexive pronouns
• Using infinitives
• Stem-changing verbs

VideoCultura: Comparaciones
• The interviewer talks to several Spanish-speaking teenagers about what they do to keep in shape.

ExpresaVisión 2
• Brando films a commercial for *Curatelotodo,* a medicine good for all ailments.

GramaVisión 2
• **Estar, sentirse,** and **tener**
• Negative informal commands
• Object and reflexive pronouns with commands

Novela en video
• Nicolás's mother asks him to get ready for a special birthday lunch for his grandmother. As she tells him what to do to get ready, television advertisements with the products that he should use appear on T.V. Thinking this is strange, he jumps from the bed and opens the door. His mother hands him the products. Back in his room, he again sees his mother on the T.V. telling him what to do. He is surprised and rubs his eyes. The T.V. returns to normal. Later, Nicolás tells his grandmother that he's not feeling well. She tells him to go rest, but he returns to working on his art.

Variedades
• Music Video: Así el la vida, Olga Tañón, of Puerto Rico

ExpresaVisión 1

- **Pre-viewing** Have students brainstorm a list of items they use to get ready for school. Write the items on the board or on an overhead transparency.

- **Post-viewing** Ask volunteers to check off on the board or overhead transparency items that Rolando mentions in **ExpresaVisión.**

GramaVisión 1
Verbs with reflexive pronouns

- **Pre-viewing** Ask students to look at the verbs on pages 234 through 237 of their textbook. Have they notice anything different about these verbs? (pronouns)

- **Post-viewing** Pause **GramaVisión** after **"y me afeito."** Rewind and freeze on the conjugation of **levantarse.** Read aloud each form of the verb and point to an appropriate person or persons in the classroom.

Using infinitives

- **Pre-viewing** Review the use of reflexive verbs by asking students at what time in the morning and evening they do various things.

- **Post-viewing** Read aloud sentences using **acabar de** or **ir a.** Have students raise their right hand if you have already completed the action and their left hand if you haven't yet completed the action.

Stem-changing verbs

- **Pre-viewing** Write the heads **e → ie, o → ue,** and **e → i** on the board. Have students call out stem-changing verbs they have learned. Write each verb under the appropriate head.

- **Post-viewing** Practice stem-changing verbs by asking students questions using the new stem-changing verbs and the verbs students listed.

VideoCultura: Comparaciones

- **Pre-viewing** Tell students they are going to hear interviews about what various Spanish-speaking teenagers do to keep in shape. Ask students to brainstorm words they might expect to hear in the interviews.

- **Post-viewing** Ask students which interviewees say they are in shape. After students have completed **Vocabulario 2** and **Gramática 2,** you might have them work in pairs to ask their partners the interview questions.

- You might explain the play on words that Miguel uses. (**salud** = *health* and *cheers* (as in a toast))

ExpresaVisión 2

• **Pre-viewing** Ask students what parts of the body hurt when one has a cold and the flu? List the body parts on the board or on an overhead transparency. Have students listen for the Spanish equivalents of these body parts.

• **Post-viewing** Ask students what product Rolando's commercial is advertising. What does he say the product is good for? How does he say it tastes? Do his actions and facial expressions confirm his words?

GramaVisión 2

Estar, sentirse, and tener

• **Pre-viewing** Review the forms of **estar.** Review **e → ie** stem-changing verbs by asking students questions using **querer, tener, preferir**, and **empezar.**

• **Post-viewing** Describe a mental or physical state using **estar, sentirse,** or **tener,** and ask a volunteer to act it out.

Negative informal commands

• **Pre-viewing** Review affirmative commands by having volunteers take turns giving a classmate an order. Make sure students use irregular and regular verbs.

• **Post-viewing** Do students notice anything about the endings of the verbs? (They are the opposite of the present tense endings: **-ar** verbs use the **-es** ending and **-er** and **-ir** verbs use the **-as** ending.)

Object and reflexive pronouns with commands

• **Pre-viewing** Review affirmative and negative informal commands by asking volunteers to take turns giving a classmate orders. Review the use of object pronouns with affirmative informal commands by writing several commands on the board. Ask volunteers to restate the commands using pronouns for direct objects.

• **Post-viewing** Ask volunteers to summarize where reflexive and direct object pronouns go in affirmative and negative commands.

Novela en video

• **Pre-viewing** Review the chapter vocabulary by telling students you need to do various things. Have volunteers suggest the items you will need.

• **Post-viewing** Ask students what Nicolás's grandmother says is wrong with him. What does Nicolás say? Does he rest like she tells him to? Ask students whether or not they think Nicolás really saw his mother on television.

Variedades

• **Pre-viewing** Ask students if they are familiar with the music of the Puerto Rican singer Olga Tañón. How would they describe her voice? (strong, deep)

• **Post-viewing** Explain the saying **Así es la vida** (That's life). To whom does the singer say it? (her ex-boyfriend who wants her back but she doesn't)

ExpresaVisión 1

Pre-viewing

1 What do you do to get ready in the morning? Make a list in the space below. Then, as you watch **ExpresaVisión 1,** listen for the activities you listed. How many of them does Brando mention?

_____

_____

_____

Post-viewing

2 Find the word for each of these items and write it on the space below the photo.

el cepillo de dientes	el jabón	la pasta de dientes	el peine

1. el jabón _____

_____

2. la pasta de dientes _____

_____

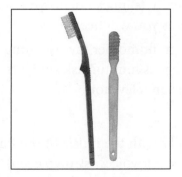

3. el cepillo de dientes _____

_____

4. el peine _____

_____

VideoCultura: Comparaciones

Supplemental Vocabulary

la alimentación *nutrición, comida*	**evitar** *to avoid*
caminar *to walk*	**fijarse** *to pay attention to*
la constancia *perseverance*	**el medio** *middle*

Pre-viewing

1 Match these Spanish words with their meanings.

first	varied	different	style	types	daily

1. diariamente _daily_
2. distintos _different_
3. estilo _style_ .
4. primeramente _first_
5. tipos _types_
6. variado _varied_

Post-viewing

2 As you watch **Comparaciones,** check off the activities the three interviewees say they do to stay in shape.

	Miguel	Ivania	Anais
caminar		✔	
correr	✔	✔	
hacer deportes	✔		
hacer gimnasia acrobática	✔		
ir al gimnasio		✔	✔
nadar			✔

3 Now listen to the interviews again, and check off the things each interviewee does to relax.

	Miguel	Ivania	Anais
escuchar música	✔		
hablar con amigos		✔	
hacer yoga			✔
hacer meditación			✔
leer	✔	✔	
salir a pasear		✔	

Holt Spanish 1

Video Guide

ExpresaVisión 2

Pre-viewing

1 Write the related English word next to each of the Spanish words listed below.

gargle	stomach	manual	nervous

1. el estómago _stomach_
2. la garganta _gargle_
3. las manos _manual_
4. nervioso _nervous_

Post-viewing

2 As you watch **ExpresaVisión,** write the Spanish word for each part of the body in the appropriate blank.

la cabeza	la cara	los dedos	los dientes
el estómago	la mano	la garganta	

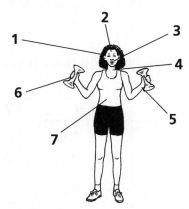

1. _la cabeza_
2. _la cara_
3. _los dientes_
4. _la garganta_
5. _la mano_
6. _los dedos_
7. _el estómago_

Novela en video

Pre-viewing

1 Look at this photo from **¿Quién sera?, Episodio 7.** What do you imagine the people are saying? Write their conversation in the space below.

_____

_____

_____

_____

_____

Post-viewing

2 Tell which character from **¿Quién sera?, Episodio 7** each of the following sentences describes.

Nicolás	la madre de Nicolás	la abuela de Nicolás

<u>la abuela</u>   **1.** Es su cumpleaños.

<u>Nicolás</u>   **2.** No está listo para ir a la casa de su abuela.

<u>la madre</u>   **3.** Quiere que Nicolás se levanta y se baña.

<u>la madre</u>   **4.** Trae el jabón, el champú y la pasta de dientes para Nicolás.

<u>la abuela</u>   **5.** Piensa que Nicolás tiene catarro.

<u>Nicolás</u>   **6.** Dice que está un poco cansado.

3 Which of the following best summarizes what happened in the video?

_____ **1.** La madre dice que Nicolás tiene que levantarse, bañarse, lavarse el pelo, y lavarse los dientes. Le da el jabón, el champú y la pasta de dientes a Nicolás. Pero Nicolás prefiere dibujar.

✔ **2.** Nicolás no está listo para ir a la casa de su abuela. Su madre le pide que se aliste *(get ready)*. Nicolás y su madre van a la casa de la abuela. La abuela piensa que Nicolás se ve cansado y que necesita cuidarse mejor.

_____ **3.** Nicolás y su madre van a almorzar a la casa de su abuela. La abuela dice que Nicolás se ve cansado. Piensa que Nicolás se tiene que cuidarse mejor. Le dice a Nicolás que se acueste. Él puede almorzar más tarde.

Variedades

Supplemental Vocabulary

me hacías falta *I missed you*	**olvidarlo** *to forget it*	**desangrando** *bleeding*
marchar *to leave*	**pedazos** *pieces*	**muriendo** *dying*
despacio *slowly*	**ahora** *now*	**jurando** *swearing*
cambiar *to change*	**así** *that's how*	**vida** *life*
suerte *luck*	**ganan** *win*	**pierden** *lose*
borró *erased*	**heridas** *wounds*	**propia** *own*
verdad *truth*	**sueño** *dream*	**fiel** *loyal*

PRE-VIEWING

1 When would you use the saying "That's life, buddy"? Write an example.

Answers will vary. _____

_____

_____

_____

_____

_____

POST-VIEWING

2 Complete the following verses from Variedades with the words from the box. One word is used twice.

más	**pierden**	**quererte**	**regresar**	**suerte**	**tenerte**	**vida**

Así es la <u>vida</u>

Cómo cambia un día la <u>suerte</u>

Di mi vida por <u>tenerte</u>

Y hoy tú quieres <u>regresar</u>

Así es la <u>vida</u>

Unos ganan y otros <u>pierden</u>

Yo perdí el mío al <u>quererte</u>

Y hoy tú pierdes mucho <u>más</u>

Video Synopsis

Video Segment	Correlation to Student Edition	Activity Master	Scripts
GeoVisión	pp. 266–269	p. 72	p. 101

• visual introduction to Florida

Teaching Suggestions

Pre-viewing

• Ask students to brainstorm a list of things they associate with Florida. What do students expect to see in **GeoVisión?** Have any students been to (or lived in) Florida? What did they see and do there? Keep their responses on the board or on an overhead transparency for follow-up after they've seen **GeoVisión.**

Post-viewing

• Play **GeoVisión** once through without the sound. Ask students to make a list of what they see. Compare the visual images with the list of what students expected to see in **GeoVisión.**

• There are several dates mentioned in **GeoVisión.** Since students won't learn higher numbers until later in this chapter, you might want to go over these dates and their significance with students.

• You might have students research which cities and states in the U. S. and in your area have the largest hispanic populations.

GeoVisión   **Florida**

Supplemental Vocabulary		
entretenimiento *entertainment*	**oro** *gold*	**riquezas** *riches*
sabor *flavor*	**salvaje** *wild*	**soleado** *sunny*

Pre-viewing

1 See if you can complete the following statements about Florida. Then watch
GeoVisión to check your answers.

_**b**___ **1.** Florida está en la parte _____ de Estados Unidos.
       a. noroeste   **b.** sureste   **c.** noreste

_**a**___ **2.** Se cultivan muchas _____ en Florida.
       a. naranjas   **b.** papas   **c.** manzanas

_**a**___ **3.** Florida es famosa por _____ .
       a. las playas   **b.** las montañas   **c.** un desierto grande

Post-viewing

2 Tell whether these statements are **a) cierto** *(true)* or **b) falso** *(false)*. Then, correct
the false statements.

1. San Agustín es el pueblo más antiguo de Estados Unidos.
    a _____

2. Florida es el cuarto *(fourth)* estado más pequeño de Estados Unidos.
    b; Florida es el cuarto estado más grande de Estados Unidos.

3. Florida se hizo *(was made)* estado permanente de Estados Unidos en 1878.
    b; Florida se hizo estado permanente de Estados Unidos en 1868
    después de la Guerra Civil.

4. El explorador Juan Ponce de Léon reclamó Florida en nombre de México.
    b; El explorador Juan Ponce de Léon reclamó la Florida en nombre de
    España.

5. Florida es famosa por el clima soleado, las montañas y las naranjas.
    b; Florida es famosa por el clima soleado, las playas y las naranjas.

Vamos de compras

Video Segment	Correlation to Student Edition	Activity Masters	Scripts
ExpresaVisión 1	pp. 272–275	p. 76	p. 101
GramaVisión 1	pp. 276–281		p. 101
VideoCultura	pp. 282–283	p. 77	p. 101
ExpresaVisión 2	pp. 284–287	p. 78	p. 101
GramaVisión 2	pp. 288–293		p. 101
Novela en video	pp. 294–295	p. 79	p. 101
Variedades		p. 80	p. 101

ExpresaVisión 1
• Maité presents the vocabulary for various clothing items.

GramaVisión 1
• **Costar,** numbers to one million
• Demonstrative adjectives and comparisons
• **Quedar**

VideoCultura: Comparaciones
• Diana, the interviewer, talks to several Spanish-speakers about shopping.

ExpresaVisión 2
• Maité talks about the stores she visits during a shopping trip.

GramaVisión 2
• Preterite of **-ar** verbs
• Preterite of **ir**
• **Repaso:** Preterite of **-ar** verbs with reflexive pronouns

Novela en video
• Sofía goes shopping with her friend Celeste. Unfortunately, the two friends have completely different versions of the shopping trip. In Sofía's version all the clothing that Celeste tried on was horrible, didn't fit her, or was out of style. When Sofía attempted to tell her friend what she thought about the clothes, she was ignored. According to Celeste, Sofía persuaded her to buy all the clothing, even though she really didn't like it. In the end Celeste calls Sofía and asks her if she wants to go shopping again. It seems that her mother has told her that all of the clothing is wrong, and she has to take it back. Celeste blames Sofía, who is incredulous.

Variedades
• Television commercial: Devoto Supermarkets of Uruguay

TEACHING SUGGESTIONS

ExpresaVisión 1

- **Pre-viewing** Tell students that they are going to learn clothing vocabulary. Have students brainstorm a list of basic clothing items. Write their suggestions on the board. What clothing-related words have students already learned in Spanish? (**zapatos, reloj, ropa**)

- **Post-viewing** Ask volunteers to come up and circle the clothing items on the board that were presented in **ExpresaVisión.** Ask students if they were able to figure out what **¡Es un robo!, barata,** and **caros** mean. You might want to show **ExpresaVisión** again and ask students to listen specifically for those expressions.

GramaVisión 1

Costar, numbers to one million

- **Pre-viewing** Review the numbers 1–99 with students. Tell students that they are going to learn about numbers up to one million.

- **Post-viewing** Ask students which forms of **costar** they will need to use (**cuesta** and **cuestan**).

Demonstrative adjectives and comparisons

- **Pre-viewing** Tell students they are going to learn to compare two things. Ask a volunteer to make a comparison in English.

- **Post-viewing** Practice with the demonstrative adjectives by pointing out various objects in the classroom that you would like to buy. To reinforce the difference between the forms of **este** and **ese,** have students point to objects on or near their desks when you use a form of **este.** When you use a form of **ese,** have students point away from their desks.

Quedar

- **Pre-viewing** Review the use of **gustar** and **parecer** with students by asking them questions about what they like and dislike and how they feel about situations.

- **Post-viewing** Ask students to review the difference between adjectives and adverbs. Ask a volunteer to name some adjectives and adverbs in Spanish. Remind students that adverbs do not change form.

VideoCultura: Comparaciones

- **Pre-viewing** Tell student that the interviewees are talking about shopping experiences that have already taken place. Tell students to listen carefully to the verbs. They should be able to identify some of them from their stems.

- **Post-viewing** Have students work in pairs and ask each other what they like to buy when they go shopping. **¿Qué te gusta comprar cuando vas de compras?**

ExpresaVisión 2

- **Pre-viewing** Ask students to brainstorm different kinds of stores at the mall. Write the kinds of stores on the board or on an overhead transparency. As students watch

Holt Spanish 1

Video Guide

ExpresaVisión, ask them to note how many of the types of stores from their list are discussed.

- **Post-viewing** Ask students if they were able to figure out what **ahorrar** and **gastar** mean. If not, tell students **Es fácil gastar el dinero** and **Es más difícil ahorrar el dinero** as you act out each verb.

GramaVisión 2
Preterite of -ar verbs

- **Pre-viewing** Tell students that as they watch **GramaVisión,** they should pay attention to the preterite endings for **-ar** verbs. Which form is spelled the same in preterite as it is in present tense? (the **nosotros** form)

- **Post-viewing** Write the preterite forms of **comprar** in one column on the board or on an overhead transparency. In a second column, write the subject pronouns. Ask volunteers to draw lines from each verb form to the pronoun(s).

Preterite of ir

- **Pre-viewing** Review the preterite forms of **-ar** verbs with students by asking them whether or not they and their friends did various things yesterday.

- **Post-viewing** Ask students if the endings of any of the forms of **ir** in the preterite remind them of the endings used for **-ar** verbs. (similarities between the endings of the **tú** forms, the **vosotros** forms and the **ellos** forms)

Preterite of -ar verbs with reflexive pronouns

- **Pre-viewing** Before students watch **GramaVisión,** review the preterite of **-ar** verbs by asking students questions about what they did last weekend.

- **Post-viewing** Call out verbs with reflexive pronouns in the present and in the preterite. Have students raise their right hand if you call out a verb in the preterite and their left hand if you call out a verb in the present.

Novela en video

- **Pre-viewing** Tell students they are going to watch as Sofía and her friend Celeste talk about a recent shopping trip.

- **Post-viewing** Pause **¿Quién será? Episodio 8** after Sofía's description of the shopping trip. Ask a volunteer to summarize in Spanish what happened, according to Sofía. Ask another volunteer to summarize Celeste's account of the shopping trip. Which version of the shopping trip do students think is more accurate? Why? Why do they think the two girls have such different accounts of the shopping trip?

Variedades

- **Pre-viewing** Ask students to describe a supermarket commercial they have seen recently. What do they generally advertise?

- **Post-viewing** Have a volunteer summarize the commercial in Variedades. Have students explain why they like or dislike it.

ExpresaVisión 1

Pre-viewing

1 **ExpresaVisión 1** is about clothing vocabulary. Sometimes, just knowing the topic new words fall under can help you figure out what they mean. See if you can figure out what these Spanish words mean. Then, check your answers as you watch **ExpresaVisión.**

   1. **Una blusa** means _a blouse._

   2. **Unos pantalones** means _a pair of pants._

   3. **Sandalias** means _sandals._

   4. **Zapatos de tenis** means _tennis shoes._

Post-viewing

2 Write the Spanish word for each item under the correct photo.

unas camisetas	una falda	un traje de baño	un vestido

1. _un traje de baño_

2. _unas camisetas_

3. _una falda_

4. _un vestido_

VideoCultura: Comparaciones

Supplemental Vocabulary

aire libre *outdoor*	**las deportivas** *sweats*
los aretes *earrings*	**el mercadillo** *street market*
dar una vuelta *to go around*	**el ocio** *free time*

Pre-viewing

1 You're going to hear three Spanish-speakers talk about what they like to shop for and where they like to go shopping. What words do you expect them to use? Work with a partner to create a list of words you think the interviewees will use. Write your list on a separate sheet of paper.

Post-viewing

2 How many of the words on your list did the interviewees use? Put a checkmark next to the words you heard in the interviews.

3 Check off the things each interviewee likes to buy.

	Dayana	Miriam	Pedro
música	✔		✔
ropa	✔	✔	✔
zapatos	✔		

4 What did the interviewees do besides shop during their last shopping trip?

	Dayana	Miriam	Pedro
comer	✔	✔	
dar una vuelta			✔
encontrarse con amigos y charlar	✔		
ir al cine		✔	

ExpresaVisión 2

Pre-viewing

1 Match each store to its English equivalent.

c	**1.** una joyería	**a.** a shoe store	
d	**2.** una librería	**b.** a music store	
b	**3.** una tienda de música	**c.** a jewelry store	
a	**4.** una zapatería	**d.** a book store	

Post-viewing

2 What does Maité buy at each of the stores shown in **ExpresaVisión?** Write each item under the correct store.

zapatos de tenis	una revista de tiras cómicas	un DVD
audífonos	una tarjeta de cumpleaños	unos discos compactos

En la tienda de música	En la zapatería	En la librería	En la joyería
audífonos	zapatos de tenis	una tarjeta de cumpleaños	nada
unos discos compactos		una revista de tiras cómicas	
un dvd			

3 At what store would you probably buy each of these things? Choose from the stores in the righthand column.

d	**1.** sandalias	**a.** una joyería	
b	**2.** una novela	**b.** una librería	
a	**3.** un reloj	**c.** una tienda de música	
b	**4.** revistas	**d.** una zapatería	
d	**5.** botas		

Novela en video

Pre-viewing

1 Look at this photo from the video. What do you imagine the people are saying? Write their conversation on a separate sheet of paper.

Post-viewing

2 In the chart below, place a checkmark beside the items Celeste buys during her shopping trip with Sofía.

	Celeste compró...
unos aretes	
una blusa	✔
una bolsa	
una camiseta	
una falda	✔
una pulsera	
un vestido	
unos zapatos	✔

3 Tell which character from the video says each of the following things.

Celeste	Sofía	Señora Corona

Sra Corona _____ **1.** ¿De parte de quién?

Celeste _____ **2.** ¿Quieres ir al centro comercial conmigo?

Sofía _____ **3.** No, no te queda nada bien. Te debes probar otra.

Celeste _____ **4.** ¿Te gusta esta blusa morada? ¿Me queda bien?

Sofía _____ **5.** Traté de convencerla, pero nada. Gastó su dinero en una blusa fea.

Sofía _____ **6.** Estos zapatos son los zapatos más bonitos en todo el mundo.

Celeste _____ **7.** Mamá dice que me veo horrible en esa falda y en esa blusa, y que los zapatos son más horribles que la ropa.

79

Variedades

Supplemental Vocabulary		
le dicen *they call it*	**variedad** *variety*	**eso** *that*
calidad *quality*	**plata** *money*	**acá** *here*
precio *price*	**bebés** *babies*	**servicio** *service*

Pre-viewing

1 What are the qualities of a good supermarket? Write a list of four things.

Answers will vary. _____

_____

_____

POST-VIEWING

2 Write the letter of the correct response.

___c___ **1.** Con quién está el niño *(boy)?*
  a. la hermana
  b. la madre
  c. la abuela

___b___ **2.** ¿Dónde están?
  a. en un almacén
  b. en un supermercado
  c. en una juguetería

___b___ **3.** ¿Qué quiere saber el niño?
  a. si puede mirar las vitrinas
  b. cómo le dicen a...
  c. a qué hora cierra la tienda

___a___ **4.** ¿Por qué la señora se desmaya *(faints)?*
  a. El nieto quiere saber de dónde vienen los bebés.
  b. El servicio del supermercado es muy bueno.
  c. Porque paga una fortuna.

3 Check off the qualities that **Devoto** advertises.

✔ variedad   ____ ganga   ✔ servicio

✔ calidad   ✔ precio   ____ dependientes

Video Synopsis

Video Segment	Correlation to Student Edition	Activity Master	Scripts
GeoVisión	pp. 304–307	p. 82	p. 101

• visual introduction to the Dominican Republic

Teaching Suggestions

Pre-viewing

• Ask students to locate the Dominican Republic on the map on page R5 of the Student Edition.

• Ask students to share what they already know about the Dominican Republic and what they expect to see in **GeoVisión.** Keep their responses on the board or on an overhead transparency for follow-up after they've seen the video.

Post-viewing

• Play **GeoVisión** once without the sound. Ask students to list things they see. Compare the visual images with the list of things students expected to see.

• Students may need to see **GeoVisión** more than once in order to complete the activities on Activity Master: **República Dominicana.**

• Tell students that the **solenodón** and **hutía** are small, endangered mammals found in the Caribbean. Students may be interested in finding photos of these, and other animals unique to the Caribbean, on the Internet or in an encyclopedia. You might want to ask students to research these animals in more detail.

(81)

GeoVisión

República Dominicana

ACTIVITY MASTER

Supplemental Vocabulary		
caerse *to fall*	**caña** *sugar cane*	**cueva** *cave*
guagua *bus*	**ingenio** *refinery*	**tercio** *a third*

Pre-viewing

1 Can you figure out the meaning of these words that you will hear in **GeoVisión**?

colección	segundo	estilo	imitar	ocupa

1. A mi hermano menor le gusta <u>imitar</u> a Buzz Lightyear.
2. La biblioteca de nuestra ciudad está construida con <u>estilo</u> moderno.
3. Tengo una cama grande. La cama <u>ocupa</u> toda la habitación.
4. En el museo, hay una buena <u>colección</u> de arte.
5. John Adams fue el <u>segundo</u> presidente de Estados Unidos.

Post-viewing

2 Complete these sentences about people, places, and things from **GeoVisión** with the appropriate words from the box.

iguanas	anfiteatro	ciudad	Sammy Sosa	Quisqueya
		Taíno	cascada	

1. La República Dominicana tiene otro nombre: <u>Quisqueya</u>
2. <u>Sammy Sosa</u> viene de San Pedro de Macorís.
3. Hay un <u>anfiteatro</u> en Altos de Chavón.
4. En el Museo Arqueológico Nacional hay una colección de arte <u>taíno</u>.
5. <u>Iguanas,</u> solenodón y otros animales viven en el Parque Nacional del Este.
6. En Jarabacoa, hay una <u>cascada</u> muy grande.
7. Santiago de los Caballeros es la segunda <u>ciudad</u> del país.

Video Segment	Correlation to Student Edition	Activity Masters	Scripts
ExpresaVisión 1	pp. 310–313	p. 86	p. 101
GramaVisión 1	pp. 314–319		p. 101
VideoCultura	pp. 320–321	p. 87	p. 101
ExpresaVisión 2	pp. 322–325	p. 88	p. 101
GramaVisión 2	pp. 326–331		p. 101
Novela en video	pp. 332–333	p. 89	p. 101
Variedades		p. 90	p. 101

ExpresaVisión 1
• Inés discusses various holidays.

GramaVisión 1
• Preterite of **-er** and **-ir** verbs
• Repaso: The preterite
• **Pensar que** and **pensar** with infinitives

VideoCultura: Comparaciones
• The interviewer talks to Spanish-speaking teenagers about holidays in their countries.

ExpresaVisión 2
• Inés talks about a party she is planning.

GramaVisión 2
• Direct object pronouns
• **Conocer** and personal **a**
• Present progressive

Novela en video
• Nicolás is throwing a birthday party for Mateo. Last year's party didn't go well, so Nicolás is determined that this party will be perfect. Nicolás's sister Irene helps prepare food for the birthday party, while Nicolás decorates. During the party, Nicolás wanders into the kitchen to get more food and sees the can that he asked Irene to use in the dip. Then he sees an identical looking cat food can in the trash. He is horrified, believing that his guests are eating cat food dip! In the end Nicolás and Irene talk and he learns that the dip does not have cat food in it.

Variedades
• Television commercial: Envión Money Transfer Service of Mexico.

83

ExpresaVisión 1

- **Pre-viewing** Ask students to list all of the holidays they can think of. Write the holidays on the board or on an overhead transparency. How are each of the holidays celebrated? Are they international holidays or are they unique to the United States?

- **Post-viewing** Inés mentions Independence Day. You might want to ask students to research when the Dominican Republic and other Spanish-speaking countries celebrate their independence and from what country they won their independence.

GramaVisión 1
Preterite of -er and -ir verbs

- **Pre-viewing** Review the preterite of **-ar** verbs by asking students questions about what they did yesterday, using **comprar, jugar, lavarse, llamar, mirar, nadar, prepararse,** and other familiar **-ar** verbs.

- **Post-viewing** Ask students to discuss the preterite endings for **-er** and **-ir** verbs. Are they the same or different? (same) What similarities do students see between the **-er/-ir** verb endings and the **-ar** verb endings in preterite?

Repaso: The preterite

- **Pre-viewing** Tell students they are going to see a visual review of the preterite. Do students remember when to use the preterite? (*to express a past action*) Do they remember which forms in the preterite have accents? (**yo** and **usted**)

- **Post-viewing** Review the preterite forms of **-ar, -er,** and **-ir** verbs. Ask volunteers to conjugate **jugar, leer,** and **abrir** on the board or on an overhead transparency. Have the class check the forms for correct spelling and accents.

Pensar que and pensar with infinitives

- **Pre-viewing** Review **e** to **ie** stem-changing verbs by asking volunteers to write the present tense of **empezar** on the board or on an overhead transparency.

- **Post-viewing** To help students remember the meaning of **pensar,** ask if they can think of an related English word. (*pensive*)

VideoCultura: Comparaciones

- **Pre-viewing** You might want to explain, or have students research, **la Semana Santa, el Día de los Reyes Magos, San Juan Bautista, la constitución de Puerto Rico,** and other holidays that are celebrated in Spanish-speaking countries.

- **Post-viewing** Have students discuss the interviewees' favorite holidays. Were students surprised that all three interviewees mentioned religious holidays?

ExpresaVisión 2

- **Pre-viewing** Tell students that in **ExpresaVisión,** Inés will talk about a party she is planning. Ask students to discuss some of the things that have to be done to plan a party. What kinds of things do they expect Inés to talk about?

84

- **Post-viewing** Ask students to discuss Inés's party preparations. Is she ready for the party? Is there anything she has forgotten?

GramaVisión 2
Direct object pronouns

- **Pre-viewing** Review direct object pronouns **la, lo, las, los** by asking students if they have done various things. Have them respond using direct object pronouns.

- **Post-viewing** Write sentences with direct objects on the board or on an overhead transparency. Have students rewrite them using direct object pronouns.

Conocer and personal a

- **Pre-viewing** Review the forms of **saber.** Do students remember what **saber** means? (*to know information*) Tell students they are going to learn another verb that also means *to know.* Ask them to listen for the uses of the new verb, **conocer.**

- **Post-viewing** Write **Conozco** on the board or on an overhead transparency. Call out people, places, and things you are familiar with. Have students tell you whether or not you would use the personal **a** with each thing.

Present progressive

- **Pre-viewing** Tell students they are going to learn a new verb form in Spanish, the present progressive. Give students some examples of the present progressive in English (*Juan is reading. They are calling us once a week.*)

- **Post-viewing** Pause the video after **Estoy sirviendo la cena.** Ask a volunteer to give the stem of the present participle for verbs like **leer, pedir, venir, dormir,** and **servir.** Then, pause after **Estoy levantándome.** Ask students where the reflexive or direct object pronoun can go in the present progressive. Ask if they saw the accent on **levantándome.** Remind them that it keeps the stress on the correct syllable.

Novela en video

- **Pre-viewing** Tell students that in **¿Quién será?, Episodio 9,** Nicolás throws a party. What could happen? Will the party go smoothly? Why or why not?

- **Post-viewing** Ask students: Why is Nicolás throwing a party? How does his sister help? What happened at Mateo's birthday party last year? Why does Nicolás run around taking food away from the guests? Ask students if they've figured out why **la profesora** is looking at information about these Spanish-speaking teenagers. What do students think will happen in the final episode of **¿Quién será?**

Variedades

- **Pre-viewing** Explain to students what a wire-transfer business is. (for a fee, they send money to a person in another city or country) Ask students why immigrants in the United States use this kind of service. (most regularly send money to their families back home)

- **Post-viewing** Have students write down the telephone number as it is dictated without watching the screen.

ExpresaVisión 1

Pre-viewing

1 What is your favorite holiday? Where do you spend the day? How do you celebrate? Get together with a partner and interview each other about your favorite holidays.

Post-viewing

2 Match each holiday with the correct description.

_e_	**1.**	El Día de Acción de Gracias
_d_	**2.**	El Día de la Independencía
_g_	**3.**	El Día del Padre
_b_	**4.**	La Nochebuena
_a_	**5.**	El Día de la Madre
_c_	**6.**	La Navidad
_f_	**7.**	El Día de los Enamorados

a. En ese día compro tarjetas y regalos para mi madre.

b. Es el día antes de la Navidad.

c. En ese día Papá Noel trae regalos para los niños.

d. En Estados Unidos es el cuatro de julio.

e. En ese día la gente come mucho y ve los partidos de fútbol americano.

f. En ese día la gente recibe tarjetas, flores y dulces.

g. En ese día compro tarjetas y regalos para mi padre.

3 Write each of the holidays from Activity 2 in the correct column below.

La amistad y la familia	Eventos históricos o políticos	Celebraciones religiosas
El Día del Padre	**El Día de Acción de Gracias**	**La Nochebuena**
El Día de la Madre	**El Día de la Independencía**	**La Navidad**
El Día de los Enamorados		

VideoCultura: Comparaciones

Supplemental Vocabulary

compartir *to share*   **nacimiento** *birth*   **los reyes magos** *the Wise Men*

desfiles *parades*   **pavo** *turkey*   **segundo** *second*

entregas *deliveries*

Pre-viewing

1 What is your favorite holiday? How do you celebrate the holiday? On a separate sheet of paper, write a few sentences about your favorite holiday.

Post-viewing

2 Read the multiple choice statements below. Then, after you've watched **Comparaciones,** complete each statement with the best word or phrase.

___c___ **1.** El día festivo favorito de Diana es _____ .
   a. el Día de la Independencia
   b. el Día de Gracias
   c. la Navidad

___b___ **2.** La familia de Diana pasa la Navidad _____ .
   a. en la casa de unos tíos
   b. en la casa de los abuelos
   c. en la casa de unos amigos

___a___ **3.** La Semana Santa, Waldemar y su familia fueron _____ .
   a. a la igelsia
   b. a la casa de los abuelos
   c. a un restaurante

___b___ **4.** La Semana Santa se celebra la segunda semana de _____ .
   a. marzo
   b. abril
   c. mayo

___a___ **5.** Larry es de _____ .
   a. Puerto Rico
   b. República Dominicana
   c. El Paso

___c___ **6.** El día festivo favorito de Larry es _____ .
   a. la Nochebuena
   b. San Juan Bautista
   c. el Día de los Reyes Magos

(**87**)

ExpresaVisión 2

Pre-viewing

1 On a separate sheet of paper, list some of the words you associate with parties. Do you know any of these words in Spanish?

Post-viewing

2 Write the name of each party-related item on the line near the appropriate photo.

| **una boda** | **la galleta** | **las papitas** | **una graduación** |

1. una graduación

2. una galleta

3. una boda

4. las papitas

3 In the chart below, check off which things Inés still needs to do for the party and which things she has already done.

	Inés ya hizo (did) estas cosas	Inés tiene que hacer estas cosas
hacer una lista de invitados	✔	
comprar invitaciones	✔	
mandar las invitaciones		✔
comprar empanadas	✔	
comprar ponche	✔	
comprar dulces	✔	

Novela en video

Pre-viewing

1 Look at this photo from **¿Quién será?, Episodio 9.**
What do you imagine Nicolás and his sister are saying?
Write their conversation in the space below.

_____

_____

_____

_____

_____

_____

Post-viewing

2 Put these events from **¿Quién será?, Episodio 9** in order by numbering them
from 1 to 9.

_7_ **a.** Nicolás ve la lata de comida de gato.

_4_ **b.** Nicolás sirve la comida.

_8_ **c.** Nicolás piensa que los invitados comen la comida de gato.

_3_ **d.** Irene abre una lata de comida de gato.

_1_ **e.** Irene abre una lata de atún.

_6_ **f.** La madre de Nicolás sale de la casa.

_5_ **g.** Mateo describe la fiesta del año pasado.

_9_ **h.** Irene le dice a Nicolás que no hay comida de gato en el dip.

_2_ **i.** La madre de Irene le pide que le dé de comer *(asks her to feed)* al gato.

3 Contesta a) cierto o b) falso.

_b_ **1.** La fiesta celebra el cumpleaños de Nicolás.

_a_ **2.** Irene ayuda a Nicolás a decorar la casa.

_b_ **3.** Mateo es el primer invitado en llegar a la fiesta.

_b_ **4.** Los invitados comen comida de gato.

_a_ **5.** El año pasado, Julia mandó las invitaciones.

_a_ **6.** La lata de atún es del mismo *(same)* color que la lata de comida de
gato.

Variedades

Supplemental Vocabulary			
queridos *dear*	**cariño** *affection*	**seguro** *safe*	**cuenta** *account*
avísenles *tell*	**cobran** *charge*	**cualquier** *any*	**cantidad** *amount*
listo *smart*	**junto** *together*		

PRE-VIEWING

1 What are wire-transfer services? Name two things they are used for.

Answers will vary. _____

_____

POST-VIEWING

2 Mark each statement below **a) cierto** or **b) falso,** according to the first commercial.

_**b**_ **1.** Los señores están en Estados Unidos.

_**a**_ **2.** Los señores están cerca de una iglesia.

_**a**_ **3.** Los señores leen una carta de su hija.

_**b**_ **4.** La hija les manda regalos para las fiestas.

_**a**_ **5.** Envión es seguro porque el dinero va directo a la cuenta.

3 Answer the following questions about the third segment in Variedades.

1. What do the kids spell the first time?

papa _____

2. What does the cheerleader want them to spell?

papá _____

3. What is the difference in meaning between the two words?

Papa means potato; papá means dad. _____

4. For what holiday is this animation?

Father's Day/el Día del Padre _____

Video Synopsis

Video Segment	Correlation to Student Edition	Activity Master	Scripts
GeoVisión	pp. 342–345	p. 92	p. 101

• visual introduction to Peru

Teaching Suggestions

Pre-viewing

• Ask students to locate Peru on the map on page R6 of the Student Edition. Ask students to name in Spanish the countries and bodies of water that surround Peru.

• Ask students to share what they already know about Peru and what they expect to see in **GeoVisión.** Keep their responses on the board or on an overhead transparency for follow-up after they've seen the video.

Post-viewing

• Play **GeoVisión** once through without the sound. Ask students to make a list of what they see. Compare the visual images with the list of items students expected to see in the video.

• Have students work in small groups to select a Spanish-speaking country or area from any of the **GeoVisión** segments to review and research. Ask the groups to prepare a detailed presentation with visuals and music for the class.

(91)

GeoVisión   Perú

Supplemental Vocabulary		
balsa *raft*	**descubiertas** *discovered*	**idioma** *language*
limita con *borders*	**selva** *forest*	**sierra** *mountains*
sobre *above*	**terremoto** *earthquake*	

Pre-viewing

1 Write the meaning of the Spanish words listed below. If there was a Spanish or English word that helped you figure out the meaning, write that as well.

native	valleys	coast	balconies	well-known	deep

1. balcones _balconies_
2. conocido _well-known (conocer)_
3. costa _coast_
4. indígena _native (indigenous)_
5. profundo _deep (profound)_
6. valles _valleys_

Post-viewing

2 Match each place and thing from **GeoVisión** with the appropriate description.

_f_ 1. español y quechua

_h_ 2. Lima

_e_ 3. Las ruinas de Machu Picchu

_b_ 4. las líneas de Nazca

_g_ 5. Cañón de Colca

_a_ 6. Lago Titicaca

_d_ 7. totora

_c_ 8. el Parque Nacional de Manú

a. El lago navegable más alto del mundo

b. Figuras grandes, perfectas y misteriosas. Sólo se ven desde el aire.

c. Tiene más de ochocientas especies de aves y doscientas especies de mamíferos.

d. Los habitantes del lago Titicaca usan esa planta para construir casas y balsas.

e. El sitio arqueológico más conocido de las Américas

f. Los idiomas oficiales de Perú

g. El cañón el más profundo del mundo

h. La capital de Perú. Está en la costa.

Video Segment	Correlation to Student Edition	Activity Masters	Scripts
ExpresaVisión 1	pp. 348–351	p. 96	p. 101
GramaVisión 1	pp. 352–357		p. 101
VideoCultura	pp. 358–359	p. 97	p. 101
ExpresaVisión 2	pp. 360–363	p. 98	p. 101
GramaVisión 2	pp. 364–369		p. 101
Novela en video	pp. 370–371	p. 99	p. 101
Variedades		p. 100	p. 101

ExpresaVisión 1
• André introduces airport vocabulary as he prepares to take a trip.

GramaVisión 1
• **Repaso:** preterite of regular verbs
• Preterite of **-car, -gar, -zar** verbs
• Preterite of **hacer**

VideoCultura: Comparaciones
• The interviewer talks to several Spanish-speaking people about where they went and what they did the last time they traveled.

ExpresaVisión 2
• André talks about the different things one can do on vacation in Peru.

GramaVisión 2
• Informal commands of spelling-change and irregular verbs
• **Repaso:** Direct object pronouns
• **Repaso:** Verbs followed by infinitives

Novela en video
• We finally discover who **La Profesora** and Marcos are and what they have been up to. In streaming video, **La Profesora** explains to Sofía and Nicolás that they have won scholarships to go to Madrid and study. **La Profesora** is the director of a program to enrich relationships between Spanish-speaking cultures. Sofía will study dance, while Nicolás will study art. Poor Marcos, exhausted from his travels, takes a moment to rest and relax. When **La Profesora** calls him about the search for next year's candidate, he sets the phone on a wall near the ocean and walks away.

Variedades
• Music video: El tren al sur, by Los Prisoneros, of Chile.

(93)

TEACHING SUGGESTIONS

ExpresaVisión 1

- **Pre-viewing** Have students imagine that they have a friend who is going to take his first plane trip. Have students describe what the friend will need to do from the moment he arrives at the airport, until he gets on the plane.

- **Post-viewing** Did André cover everything students thought their friend would need to know about the airport? Tell students they will learn more airport-related vocabulary in **Vocabulario 2** of their textbooks.

GramaVisión 1

Repaso: The preterite

- **Pre-viewing** Tell students they are going to see a visual review of the preterite. Do students remember when to use the preterite? (*to express a past action*) Do they remember which forms in the preterite have accents? (**yo** and **usted**)

- **Post-viewing** Ask volunteers to conjugate an **-er, -ir,** and **-ar** verb on the board or on an overhead transparency. Ask another volunteer to summarize what happens to stem-changing verbs in the preterite. (no stem change)

Preterite of -car, -gar, -zar verbs.

- **Pre-viewing** Ask students to call out verbs they know that end in **-car, -gar,** and **-zar. (buscar, praticar, sacar, secarse, tocar, colgar, jugar, llegar, navegar, pagar, almorzar, comenzar, empezar)** List the verbs on the board or on an overhead transparency.

- **Post-viewing** Ask students which form of the verb has a spelling change in preterite. (the **yo** form)

Preterite of hacer

- **Pre-viewing** Review weather expressions, including those with **hacer.** Hold up pictures of various weather conditions and ask students what the weather is like in each picture. Tell students they are going to learn the preterite forms of **hacer.**

- **Post-viewing** Put the pictures of weather conditions up where all students can see them. Then, tell students what the weather was like yesterday somewhere in the world. Ask a volunteer to point to the correct picture.

VideoCultura: Comparaciones

- **Pre-viewing** Tell student that as they watch **Comparaciones** they should make a note of where each teenager went and what they did there. You might want to tell students that Ica and Cajamarca are both in Peru. Cajamarca is in the north of Peru at the foot of the Andes. Ica is on the south coast of Peru.

- **Post-viewing** Pause after each interview and ask students to sum up, in Spanish, what they learned about each interviewee's last vacation.

ExpresaVisión 2

- **Pre-viewing** Ask students what they tell visitors to do and see in the area. What

Holt Spanish 1

Video Guide

kinds of things do they think there are to do and see in Peru? You may want to show **GeoVisión** again to help students remember what Peru is like.

- **Post-viewing** Call out activities people do on vacation, including the new vocabulary. Ask a volunteer to act out each expression.

GramaVisión 2
Informal commands of spelling-change and irregular verbs

- **Pre-viewing** Review affirmative and negative informal commands by asking volunteers to tell you the informal command form of various **-ar, -er,** and **-ir verbs.** Then have students take turns giving a volunteer commands. The volunteer should act out each command.

- **Post-viewing** Pause **GramaVisión** after the presentation of **comenzar.** Write the affirmative command forms of **recoger, seguir, sacar, pagar,** and **comenzar** in a column on the board or on an overhead transparency. Next to each command, make a blank for each letter in the negative command form (as if you were playing Hangman.) Have students call out the spelling of each negative command form. Fill in the correct letters as students call them out.

Repaso: Direct object pronouns

- **Pre-viewing** Review direct object pronouns in Spanish by asking students questions and asking them to respond using a direct object pronoun.

- **Post-viewing** Ask a volunteer to summarize where the direct object pronoun is placed in a sentence with a conjugated verb and an infinitive and in negative and affirmative commands.

Repaso: Verbs followed by infinitives

- **Pre-viewing** Ask student which form of the verb is the infinitive. Ask students to call out some infinitives in Spanish.

- **Post-viewing** Ask students to list the verbs they know that are followed by infinitives (**gustar, querer, esperar, pensar,** and **tener que**). Write the verbs on the board or on an overhead transparency.

VideoNovela

- **Pre-viewing** Have students review what they know about Sofía and Nicolás. Ask partners to share ideas about what will happen in **¿Quién será?, Episodio 10.**

- **Post-viewing** Ask students how they would feel if they won a scholarship to go to Madrid and study something they love. What would they study?

Variedades

- **Pre-viewing** Tell students they are going to watch a music video by Los Prisoneros, a former Chilean rock band whose lead singer was Jorge Gonzales.

- **Post-viewing** Ask students to describe the geography of southern Chile as shown in the music video.

ExpresaVisión 1

Pre-viewing

1 In Expresa Visión, you will learn new vocabulary for things and places at the airport. Can you figure out what these airport-related words mean?

airplane	passport	ticket agent
to board	airport	passenger

1. abordar __to board__
2. el aeropuerto __airport__
3. el agente __ticket agent__
4. el avión __airplane__
5. el pasajero __passenger__
6. el pasaporte __passport__

Post-viewing

2 Complete the sentences below with words and phrases from the box below.

pasaporte	embarque	información	esperar
abordar	viaje	hace	aviones

1. Mi amiga Teresa hace un _____viaje_____ . Va al aeropuerto.
2. Teresa _____hace_____ la cola en el mostrador.
3. Teresa va de Ciudad de México a Barcelona, España. Entonces, necesita su _____pasaporte_____ .
4. A Teresa le gustan los aeropuertos. Le gusta mirar los _____aviones_____ .
5. Necesita una tarjeta de _____embarque_____ para abordar el avión.
6. Teresa mira la pantalla de _____información_____ para verificar su vuelo.
7. Son las dos de la tarde. El vuelo sale a las tres y media. Entonces, Teresa va a _____esperar_____ en el sala de espera.
8. Son las tres de la tarde. Ahora, Teresa puede _____abordar_____ el avión.

96

VideoCultura: Comparaciones

Supplemental Vocabulary	
familiares *family members*	**paisaje** *scenery*
medio de transporte *means of transportation*	**última vez** *last time*

Pre-viewing

1 Answer the questions below about your last vacation.

    1. —¿Adónde fuiste y qué hiciste la última vez que viajaste?

    —Fui a _____

    2. —¿Fuiste solo(sola) o con tu familia ?

    —Fui _____

    3. —¿Qué hiciste?

_____

_____

_____

_____

Post-viewing

2 Read the statements below. Then, complete the statements about the interviewees and their vacations.

    b   **1.** Cuando va de vacaciones, a Lisette le gusta viajar en ____ .
        a. avión   **b.** omnibus   **c.** carro

    c   **2.** La última vez que Lisette fue de vacaciones, fue a ____ .
        a. Madrid   **b.** Ica   **c.** Cajamarca

    a   **3.** Durante las vacaciones, Lisette ____ .
        a. visitó los lugares turísticos
        b. fue a un concierto
        c. fue a un picnic

    b   **4.** A Paola le gusta viajar en bus porque le gusta ____ .
        a. mirar animales   **b.** mirar el paisaje   **c.** dormir

    a   **5.** La última vez que Paola fue de vacaciones, fue ____ .
        a. con su familia   **b.** sola   **c.** con las amigas

    b   **6.** La última vez que Enrique fue de vacaciones, ____
        a. fue a México   **b.** fue al Amazonas   **c.** visitó a su familia

ExpresaVisión 2

Pre-viewing

1 ¿Qué te gusta hacer durante las vacaciones?

_____

_____

_____

_____

Post-viewing

2 Write the name of the activity on the first line below each photo.

> **recorrer la ciudad en autobús**   **pescar**
> **visitar un museo**   **conocer ruinas**

1. **visitar un museo**
   en la ciudad

2. **recorrer la ciudad en**
   autobús; en la ciudad

3. **conocer ruinas**
   en los dos lugares

4. **pescar**
   en el campo

3 On the second line below each photo, tell whether you would be more likely to do the activity **en la ciudad, en el campo** or **en los dos lugares. Answers may vary. See possible answers under each photo.**

Novela en video

Supplemental Vocabulary		
beca *scholarship*	**meta** *aim, objective*	**otorgar** *to award*
conseguir *to achieve*	**noticias** *news*	**placer** *pleasure*
enhorabuena *congratulations*	**orgulloso** *proud*	**sueños** *dreams*

Pre-viewing

1 What do you imagine will happen in this final episode of **¿Quién será?**
Get together with a partner and discuss some possibilities.

Post-viewing

2 Choose the correct word or phrase to complete each of the sentences below.

___c___ 1. Hay _____ candidatos.
   a. seis   **b.** ocho   **c.** diez

___a___ 2. No hay un candidato de _____ .
   a. Colombia   **b.** Costa Rica   **c.** Chile

___b___ 3. Sofía y Nicolás reciben becas para estudiar en _____ .
   a. Sevilla   **b.** Madrid   **c.** Barcelona

___c___ 4. Sofía y Nicolás van a estudiar por _____ .
   a. un mes   **b.** seis meses   **c.** un año

___c___ 5. Sofía va a estudiar _____ .
   a. español   **b.** dibujo   **c.** baile

___b___ 6. Nicolás va a estudiar_____ .
   a. español   **b.** dibujo   **c.** baile

___b___ 7. Las familias de Sofía y Nicolás están muy _____ .
   a. tristes   **b.** ogullosas   **c.** antipáticas

___a___ 8. Marcos va a _____ .
   a. descansar   **b.** trabajar   **c.** estudiar

3 Write a brief summary for **¿Quién será?, Episodio 10.**

_____

_____

_____

_____

_____

99

Variedades

Supplemental Vocabulary

asiento *seat*	**ferrocarril** *railroad*	**sur** *south*
fierros *iron*	**corazón** *heart*	**saltando** *leaping*
tierras *lands*	**de nuevo** *again*	**respirar** *to breathe*
hondo *deep*	**alegrías** *happiness*	**digas** *tell*
olor *smell*	**se mete** *enters*	**recuerdo** *remember*

PRE-VIEWING

1 Why do people prefer to ride the train? Write three possible reasons.

<u>Answers will vary.</u> _____

_____

POST-VIEWING

2 Complete the following verses from Variedades with the words from the box.

animales	Doce	Estación	mañana	sur	ventana

Siete y media de la <u>mañana</u>

Mi asiento toca la <u>ventana</u>

<u>Estación</u> central, segundo carro

Del ferrocarril que me llevará al <u>sur</u>

<u>Doce</u> y media en la mañana

El olor se mete en la <u>ventana</u>

Son flores y <u>animales</u> que me dicen

Bienvenido al <u>sur</u>

3 Answer the following questions about Variedades.

<u>b</u>   **1.** ¿Adónde va el tren?
     a. a Santiago
     b. al sur
     c. al pasado

<u>c</u>   **2.** ¿Qué hay allí?
     a. ruinas
     b. islas y barcos
     c. animales y flores

Scripts

Chapter 1
GeoVisión

¡Bienvenidos a España! España está situada en el suroeste de Europa. Madrid es su capital. Vamos a conocer al país y a su gente.

¡Hola! Me llamo Roberto y soy español. Mi país es fantástico. Tiene de todo. Mira: tierra, montañas, playas, pueblos pequeños y ciudades grandes.

Hablando de ciudades grandes, yo soy de Madrid, la capital de España. Este lugar se llama la Plaza Mayor y está en el centro de la ciudad. Es bonito, ¿no? Hay muchos lugares bonitos en Madrid. También hay lugares famosos. Por ejemplo, el Museo del Prado, el Parque del Buen Retiro, el Palacio Real, la Puerta de Alcalá, El Corte Inglés, una tienda famosa, donde puedes comprar de todo.

Un poquito al noroeste de Madrid se encuentra El Escorial, un palacio construido por el Rey Felipe II.

En el norte del país, está Bilbao, capital del País Vasco. Hoy el museo de Guggenheim es una de sus atracciones más famosas.

En el noroeste, en Galicia, la famosa Catedral domina la ciudad de Santiago de Compostela.

En el noreste, se encuentra Barcelona, la capital de Cataluña. Barcelona es famosa por la arquitectura de Gaudí

Ahora vamos hacia el sur a Castilla-La Mancha, que representa la esencia de España. La ciudad de Toledo es el corazón de esta región. Más al sur, la imagen romántica de España (la música, el baile, la ropa, la arquitectura) viene de Andalucía.

Pues, eso es un poco de mi país, España. Impresionante, ¿no? Hasta luego.

ExpresaVisión 1

—¡Hola, qué tal! Soy Roberto.

—¡Hola Roberto! ¿Cómo estás?

—Hola Tomás.

—Me llamo Roberto y soy de Madrid, España.

—Y yo soy de Madrid, España también.

—Él es Tomás, un compañero de clase. Adiós Tomás. Hasta luego.

—Nos vemos.

—Hola, Roberto. ¿Cómo estás?

—Hola profesora. ¿Cómo está usted?

—Estoy bien, gracias.

—Ésta es mi profesora.

—Tengo que irme Roberto.

—Muy bien. Hasta luego.

—Hasta luego.

—Hola otra vez. Roberto es mi mejor amigo.

—Hasta luego, Tomás.

GramaVisión 1.1

—Every sentence has a subject. The subject is the person or thing in the sentence that does something that is being defined . . . or that is being described. Once you have a subject you need a verb.

—What's a verb?

—The verb gives the subject something to do or links the subject to description . . . or definition. The same is true in Spanish. A subject can be a noun, which is a person, place, thing, or idea, or it can be a subject pronoun, like **él, ella, tú,** or **usted.** A pronoun stands for the person you're talking to or a noun you've already named. English sentences always have a subject noun or a subject pronoun. In Spanish, the subject pronoun can be left out, as long as everyone knows who you mean.

GramaVisión 1.2

—Subject pronouns stand for people.

—yo

—stands for the person speaking: I.

—tú

—stands for the person you're talking to. Use **tú** for someone you know well enough to call by name.

—usted

—stands for the person you're talking to. Use **usted** for someone older than you, someone you show respect to, or someone you're meeting for the first time.

—él

—stands for a boy or a man that you're talking about.

—ella

—stands for girl or a woman you're talking about.

—nosotros

—To talk about yourself and one or more males. It can be a group of males and females or all males.

—nosotras

—To talk about yourself, if you're female, and one or more females.

—vosotras

—Only in Spain, to talk about a group of females you would address by their first names.

—vosotros

—Only in Spain, to address in a familiar way a group of all males, or males and females.

—ustedes

—To stand for the people you're talking to, to any kind of group.

—ellos

—To talk about a group of boys, men, or a mixed group of males and females.

—ellas

—To talk about a group of girls or women.

Comparaciones
ExpresaVisión 2

—Hola.

—¡Buenos días!

—Vengo a llenar una solicitud de trabajo.

—¿Cómo té llamas?

—Me llamo Roberto.

—Bien, bien... Rolando, eh, ¿qué fecha es hoy?

—Hoy es lunes cinco de abril, pero no soy Rolando. Me llamo Roberto.

—Sí, sí claro. Eh, ¿cuál es tu número de teléfono?

—Seis, siete, cero, nueve, nueve, cinco, siete veintiséis.

—Muy bien, muy bien... Rolando, ¿Cuál es tu correo electrónico?

—No es Rolando. Es Roberto.

—¿Quién es Roberto?

—Yo soy Roberto.

—Y yo soy Miguel Ángel. ¡Mucho gusto!

—Encantado.

—Si..., mi correo electrónico es ere-o-be-e, arroba, ene-e-te punto e-ese.

—¿Cómo se escribe?

—Igual.

—Entonces Rodrigo, hoy es lunes, cinco de abril. Mañana es martes, seis de abril, y el miércoles es...

—El miércoles... ¡es miércoles! Yo soy Roberto... ¿y mi trabajo?

—No, ese libro no lo tengo. No me queda.

—Señor, son las once y media, tengo que irme.

—Bueno, Juan José. Gracias por comprar en librería "El Pre....". Hasta luego.

GramaVisión 2.1

—In Spanish, the verb **ser** links the subject to a description or definition. But, just like the English verb *to be*, the verb **ser** has a different form depending on who the subject is. If the subject is the person talking, **yo**, the form is **"soy."**

—Yo soy Juan García.

—If the subject is the person being spoken to, and it's someone you're familiar with, use **"tú"**, the form of **ser** is **eres**.

—¿Tú? ¿Tú eres Juan García?

—To say "not" put the word **"no"** in front of the verb.

—Tú no eres Juan García.

—If the subject is the person you're speaking to, and you want to be polite, use **usted.** The form of **ser** is then **es.**

—¿Quién es usted?

If the subject is a third person

—¡Marta!

the form is also **es.**

—¿Quién es ella?

—Ella es Marta.

—Marta, ¿él es Juan García?

—No, él no es Juan García.

In the plural, the verb **ser** has these forms.

—Nosotros somos de España.

—Ustedes no son de España.

—Ellos no son de España.

GramaVisión 2.2

—In Spanish, some words are written with accents to tell you which syllables to stress.

—Héctor

—The wavy line over the letter "n" tells you that the **n** is pronounced like the "ny" in the English word *canyon.*

—España

—Héctor es de España.

—To punctuate a question in Spanish, you put one question mark at the end . . .and an upside down question mark at the beginning

—¿Héctor es de España?

—The same is true for exclamation points. One at the end, and an upside one at the beginning.

—¡Héctor es de España!

Novela en video
¿Quién será? Episodio 1

—Y tú, ¿de dónde eres, Roberto Martínez Matamoros?

—¿Yo? Yo me llamo Roberto. Soy de España y tengo quince años.

—Y tú, ¿quién es? Sofía Corona Ramírez, eres de México, ¿no es así?

—Buenos días, Sofía.

—Hola, Sofía, buenos días.

—Hola, papá, buenos días, papá, ¿cómo estás, papá?

—Hola, papá. ¿Qué tal?

—Más o menos, Sofía.

—Uy, son las ocho menos cuarto. ¡Tengo que irme!

—¡Adiós, papá!

—¿Adónde vas?

—Sofía, Sofía, ¡cara de tortilla!

—¿De dónde eres, de Marte?

—Nicolás Ortega García. El artista puertorriqueño.

—¡Buenas tardes, Nico!

—¡Buenas tardes, señora Ortiz!

—¡Uy, perdone, don Pablo! ¿Cómo está usted?

—Estoy bien, gracias, Nico.

—Y tú, Nico, ¿cómo estás tú?

—A ver. Es el seis, veintinueve, setenta, noventa, cero, ocho.

—Sí, Marcos. Necesito hablar contigo. Sí, pronto. Es urgente. A ver, mañana es domingo. Bien, el lunes, en mi casa. Sí, a las diez de la mañana. Bien. Oye, ¿cuál es tu e-mail? Te quiero enviar unos documentos. Bien. Nos vemos el lunes.

Variedades

—Ay, ven y dime todas esas cosas. Invítame a sentarme junto a ti. Escucharé todos sus sueños en mi oído. Y déjame estrechar tus manos y regalarte unas pocas atenciones. Ay, ven y cuéntame una historia que me haga sentir bien. Yo te escucharé con todo el silencio del planeta y miraré tus ojos...

—Hola. Bienvenidos al Centro Musical...

—Nosotros somos los Niños Cantores de

(103)

Valle del Chalco y vamos a cantar una canción. Yo soy José.

—Yo soy Alfredo.

—Yo soy David.

—Yo soy Daniel.

—Yo soy Itzel.

—Les vamos a cantar una canción que se llama "Somos indítalas".

—Una, dos, tres.

—Somos indítalas, Michoacanítalas...

—El grupo surge en 1990 a raíz de la visita del Papa Juan Pablo II. Resulta que aquí, como venía a visitar a Valle del Chalco, el presidente municipal que en ese entonces regía desde Chalco; o sea, Valle del Chalco es un municipio nuevo realmente, entonces todavía en ese tiempo pertenecía a Chalco. Entonces el presidente municipal de allí le surgió la idea de que un coro infantil le diera la bienvenida al Papa.

—...y carítaras y florecítaras del tiempo...

—Nosotros somos los Niños Cantores de Valle del Chalco y queremos presentarles un video tomando fotografías de nuestro mundo.

—...pero hacia...

—Bueno, los Niños Cantores de Valle del Chalco es un grupo de niños que cantan canciones muy bonitas.

—Hola. Mi nombre es Rubén Arturo Arroyo Reynoso. Estoy en el coro de los Niños Cantores de Valle del Chalco. Estoy en la escuela Hermenegildo Galeana.

—...cantá niñito, vine a cantar. Así por eso, con tu permiso, cant* niñito, vine a cantar...

—Mi mejor amigo.

—Él es mi mejor amigo. Se llama Carlos.

—Ella es una de mis mejores amigas y se llama Giovana y Debie. Jugamos a las atrapadas, a las escondidas y a lo que sea. Ay, pues a mí me cae muy bien porque es mi única amiga que tengo, que me confío en ella.

—David. Desde primero nos hemos conocido y ahorita que estamos en quinto somos amigos.

—Alfredo. Me ayuda a, este, a no inquietarme tanto, no a deprimirme.

—Hola. Yo soy José Manuel Ruiz Flores y también fotografié lo de mi mejor amigo que se llama Daniel.

—Stefani. Porque nos conocimos desde que yo vine del coro.

—He fotografiado a mis amigas comiendo. Tamara no vino pero es una de mis mejores amigas. Adriana, Dulce, Sandy, Alejandra. Son mis amigas.

—A una de mis amigas que estaba acostada en el piso haciendo cosas extrañas. Estaba haciendo como un perro en el piso.

—Bueno, a unas de mis compañeras ya les tomé pero ellas no querían que yo les tomara fotos. Ya me iban a pegar pero me eché a correr.

Chapter 2
GeoVisión

¡Bienvenidos a Puerto Rico! Nuestra isla, una de las Antillas Mayores, está en el mar Caribe. Puerto Rico o Borinquén limita al norte con el océano Atlántico, al sur con el mar Caribe, al este con el canal de la Virgen y las islas Vírgenes, y al oeste con el canal de la Mona y la República Dominicana.

Me llamo Mateo y soy de San Juan, la capital de Puerto Rico. Puerto Rico es muy bonito, con muchas playas lindas y montañas muy verdes y con muchos lugares históricos.

Este es el teatro Tapia y Rivera. Las casas de esta área de San Juan son de muchos colores brillantes: rojo, rosado, anaranjado, verde, amarillo, azul.

San Juan es la ciudad amurallada. Esta es la muralla. A mí me gusta el Parque de las Palomas en la cima de la muralla. Desde ahí puedo ver el puerto, la ciudad y las montañas.

El Morro es una de las fortalezas españolas. Es del año 1540.

Puerto Rico también tiene playas muy hermosas como El Dorado y Playa Sardinera.

Esta es la ciudad de Ponce.

El Yunque es el único bosque tropical del sistema de parque norteamericano. El bosque está en la Sierra de Luquillo.

Puerto Rico también tiene el observatorio astronómico más grande del mundo. El famoso observatorio de Arecibo.

Puerto Rico, la isla del encanto. Es maravilloso, ¿no?

ExpresaVisión 1

—Éstos son mis compañeros Arturo, Julia, y Mateo.

—¿Cómo somos nosotros? Yo soy rubio. Arturo es pelirrojo. Mateo es moreno. Y Julia es morena. Arturo es serio, muy serio. Mateo es gracioso. También es atlético. Julia es extrovertida. Arturo es algo alto. Julia también es alta.

—¡No! ¡No soy alta! ¡Soy muy alta!

—Vean. Mis amigos.

GramaVisión 1.1

Ser with Adjectives

—María es simpática.

—María es pelirroja.

—María es morena.

—**Simpática, pelirroja** and **morena** are adjectives that describe María.

—Adjectives come after forms of the verb **ser.**

—Yo soy alto.

—Nosotros somos atléticos.

—If it's obvious who is being described, you don't need the subject pronoun.

—Soy alto y atlético.

To say what someone is not like, put **no** in front of the verb.

—No soy alto.

—¿Cómo es Juan?

—Juan es alto y guapo.

—¿Es él?

—No. Juan no es rubio. Es moreno.

—¿Es gracioso?

—No, no es gracioso.

—¿Es atlético?

—Sí, es atlético. ¡Él es Juan!

GramaVisión 1.2

Gender and Adjective Agreement

—We are nouns.

—We are masculine.

—And we are feminine.

—We are adjectives.

—We can describe masculine or feminine nouns.

—When we describe masculine nouns we usually end in **-o.**

—When we describe feminine nouns we usually end in **-a.**

—If we end in **-e** or in a consonant, we don't change forms.

—Except if we end in **-o** then we add **-a** to the feminine form.

—Or if we are a nationality, we also add an **-a** to the feminine

—When we describe more than one person, we also change forms.

—When we are plural, we add **-s** if we end in a vowel.

—If we end in a consonant, we add **-es** when plural.

—Es imposible, Marta. ¡Imposible!

—¿Cómo? No es imposible. Es perfecto. Mira, Juan es muy serio. Ana es muy seria.

—Pero Luis es muy intelectual.

—Ana también es intelectual.

—Sí, pero Luis también es gracioso.

—Ana también es graciosa.

—Roberto es trabajador.

—Ana también es trabajadora.

—El problema es que...

(105)

—¿Qué problema es?

—Tú eres muy romántica, Marta.

—Y tú, Roberto, no eres romántico para nada. Los dos son serios, graciosos, intelectuales y trabajadores. Perfecto.

GramaVisión 1.3

Question formation

—Óscar es perezoso.

—To ask a yes or no question, raise the pitch of your voice at the end of the sentence.

—¿Óscar es perezoso?

—You can also move the subject after the verb.

—¿Es perezoso Óscar?

—¿Óscar, eres perezoso?

—No, no soy perezoso.

—¿Cómo eres?

—¿Quién es ella?

—¿Qué?

—Words used to ask questions have accent marks.

—¿Cómo se llama?

—Se llama Ana. Es muy simpática.

—Simpática, ¿ah?. Pero, ¿es guapa?

—hmmmm . . . Sssí, sí es guapa.

—¿De dónde es?

—Es de Colombia. Es la amiga de Marta.

—¿De quién?

—De Marta.

—Bueno, ¿cuál es su teléfono?

—Bueno, es 6-1-9-1-5-2-8.

—Oye, son las once. ¿cuándo es la clase de español?

—Huy, ahora. Tengo que irme. Adiós. (runs off)

Comparaciones

Luis, Puerto Rico

[Diana] Hola Luis, ¿cómo estás?

[Luis] Muy bien. ¿Y tú?

[Diana] Muy bien, muchas gracias.

[Diana] Luis, ¿tú has oído la expresión "Dime con quien andas y te diré quien eres"?

[Luis] Sí, la he escuchado.

[Diana] Bueno, de eso vamos a hablar. Dime ¿cómo eres tu?

[Luis] Bueno, pues yo me considero una persona simpática, gracioso, alegre, un buen amigo y una buena persona.

[Diana] ¿Y qué cosas te gustan?

[Luis] Me gusta el deporte, me gusta la música. Me gusta la escuela.

[Diana] ¿Tu tienes un mejor amigo?

[Luis] Sí.

[Diana] Bueno, ¿cómo es tu mejor amigo?

[Luis] Pues, es una persona que es simpática también, amigable, alegre, atleta. Él es moreno. Es bien activo. Me gusta ser amigo de él.

[Diana] ¿Qué cosas le gustan a él?

[Luis] Le gusta también la música, el deporte. Le gusta la escuela. Y como es una persona alegre, pues no le gusta estar aburrido.

[Diana] ¿Cómo son ustedes?

[Luis] Pues, tenemos muchos gustos como lo de la música y pues además nos llevamos bien y nos comprendemos en todo.

[Diana] Entonces, ¿tú crees que a ti se aplica "Dime con quien andas y te diré quien eres"?

[Luis] Sí.

[Diana] ¿Qué significa la expresión "Dime con quien andas y te diré quien eres"?

[Luis] Yo pienso que, que es con quien tu te pasas, según esa persona, pues, va a ser tu personalidad.

[Diana] OK. Muchas gracias Luis.

Andrea, México

[Diana] Hola Andrea, ¿cómo estás?

[Andrea] Muy bien, ¿y tú?

[Diana] Bien, gracias. Vamos a hablar sobre los amigos. ¿Conoces la expresión "Dime con quien andas y te diré quien eres"?

[Andrea] Sí.

[Diana] ¿Cómo eres tú?

[Andrea] Soy alegre, soy inteligente, soy muy divertida.

[Diana] ¿Qué cosas te gustan a tí?

[Andrea] Me gusta el cine, los libros, el cantar, bailar.

[Diana] ¿Cómo es tu mejor amigo o tu mejor amiga?

[Andrea] Es alegre también, es divertida y muy inteligente.

[Diana] ¿Qué cosas le gustan a ella?

[Andrea] Le gusta el cine, los libros, bailar.

[Diana] ¿Cómo son ustedes?

[Andrea] Somos muy parecidas.

[Diana] ¿Qué cosas les gustan?

[Andrea] Nos gusta el cine, bailar.

[Diana] ¿La expresión se aplica en su caso?

[Andrea] Sí, porque somos muy parecidas y salimos mucho juntas.

[Diana] Muchas gracias, Andrea.

[Andrea] De nada.

Aaron, El Paso

[Diana] ¿Qué tal Aaron? ¿Cómo estás?

[Aaron] Muy bien. ¿Y tú, Diana?

[Diana] Muy bien. Muchas gracias. Vamos a hablar sobre los amigos. ¿Conoces la expresión "Dime con quien andas y te diré quien eres"?

[Aaron] Sí, sí la conozco.

[Diana] ¿Cómo eres tú?

[Aaron] Soy una personal muy positiva.

[Diana] ¿Qué cosas te gusta a ti?

[Aaron] Me gusta mucho ir a la escuela, me gusta mucho cantar, me gusta mucho estudiar y me gusta mucho hacer amigos.

[Diana] ¿Cómo es tu mejor amigo?

[Aaron] Mi amigo es muy honesto, muy respetuoso y muy responsable.

[Diana] ¿Qué cosas le gustan a él?

[Aaron] Le gustan mucho las matemáticas, le gusta mucho tener amigos extranjeros, no tanto amigos locales, y pues así somos los dos.

[Diana] ¿Cómo son ustedes?

[Aaron] Nos gusta ser amigables con todo el mundo. No importa el idioma o el color de la persona. Y somos muy abiertos.

[Diana] ¿La expresión se aplica en su caso?

[Aaron] Sí, se aplica porque como soy yo, son mis amigos. Y como ellos son, yo también soy como ellos.

[Diana] Muchas gracias, Aaron.

[Aaron] Gracias, Diana.

ExpresaVisión 2

Hola, ¿Cómo están? Me llamo Mateo. Yo soy... soy muy intelectual. Me gusta el ajedrez. Me gustan los libros. Y soy romántico... Me gustan los libros de amor y la música.

Y soy muy atlético. Me gusta el tenis, pero más me gusta la comida. Me gusta la pizza, me gustan las frutas y me gusta el helado. Y así soy yo.

GramaVisión 2.1

Nouns and definite articles

All nouns have a gender, even non-living things.

Many nouns that end in -o are masculine.

Many nouns that end in -a are feminine.

All nouns also have a number. Nouns that name one thing are singular.

Nouns that name more than one thing are plural.

To make a singular noun plural, add -s.

If the singular ends in a consonant, add -es.

Adjectives must match the gender and number of the noun they describe

—Los animales son tontos.

—La música es pésima.

Use a form of the definite article before a noun, when you have a specific noun in mind or before a noun you've already mentioned. Use the definite article el if it's a masculine, singular noun.

—el libro

Use **los** if it's a masculine, plural noun.

—los helados

Use **la** if it's a feminine, singular noun.

—la pizza

Use **las** if it's a feminine, plural noun.

—las hamburguesas

Remember to use the definite article when you say you like something and when you talk about something in general.

—¡Me gusta la hamburguesa!

—¡Las hamburguesas son deliciosas!

—¿Y te gustan las películas?

—Uy, no, no, no. Las películas son aburridas. Pero me gustan los libros. Bueno, no me gustan los libros de ciencia ficción. La ciencia ficción es pésima.

—Hmmm... ¿Qué tal la música?

—Bueno, la música me gusta. ¿Y la música de Colombia? Es fenomenal.

—¿Y el ajedrez?

—El ajedrez...

—Tú sabes... el ajedrez.

—Ah, sí. El ajedrez.

—Bueno, olvídalo.

—Uy, no, no, no. Soy vegetariana.

GramaVisión 2.2

The verb **gustar, ¿por qué?,** and **porque**

—Do you like it?

—To talk about likes in Spanish, you need to use the verb **gustar: gusta** for one thing and **gustan** for two or more things. The verb **gustar** always comes after a type of pronoun that tells who likes it. For example, to say that I like music, I would say: **Me gusta la música.** To ask why, say **¿Por qué?** To answer, use **porque.**

—Me gusta la música porque es fenomenal.

To ask why, say **¿por qué?,** written as two words and an accent over **"¿qué?"**

—¿Por qué me gustan los libros?

To tell why, say **porque,** written as one

word, and no accent.

—Me gustan porque son interesantes.

—¿Qué les gusta a Juan y a Ana?

—Bueno, a Juan le gustan las películas y las hamburguesas.

—Bueno, y a Ana... Bueno. ¿Por qué le gustan las hamburguesas?

—Y el ajedrez. ¿A Ana le gusta el ajedrez?

—Bueno, a mí me gusta el ajedrez. Eso sí.

—¿Y a Ana?

—A todas mis amigas les gusta el ajedrez. Nos gusta mucho el ajedrez. ¿A quién no le gusta?

—Bueno, bueno. Ana es perfecta para Juan entonces.

—Perfecta.

—Oye, ¿te gusta el ajedrez? Yo no sabía.

—Claro, me gusta mucho. ¿Qué piensas?

GramaVisión 2.3

The preposition **de**

—**De** is a word that's used in a lot of situations: To say where you're from, **Yo soy de México.**

—To describe the contents of something, for example: **Es un libro de español.**

—And a very common usage, to show possession: **Es el carro de mi amigo.**

—Nosotros somos de Venezuela.

Use the preposition **de** to say where someone is from...

—Nosotros somos de Chile.

—Es el libro de Bianca.

Use **de** to show possession . . .

Use **de** after a noun to further describe something . . .

—¡Es un libro de terror!

—A mí me gustan los libros de terror...

—¿Tú eres de Colombia?

—Sí, ¿te gusta la música de Colombia?

—¿Eh... la música? La música me da igual. Me gusta más el ajedrez. El ajedrez es formidable.

—¿El ajedrez? hmmm... ¿qué tal los libros? Los libros son interesantes.

—hmmmm... Los libros de ciencia ficción son divertidos, pero me gustan más las películas. Las películas son fenomenales.

—¿Las películas?

—Y también las hamburguesas del Restaurante El cochino. Sí señor. Una película, y después una hamburguesa así

—¿Las películas? ¿Las hamburguesas? ¿La ciencia ficción?

—¡¡ROBERTO!!

—¡¡MARTA!!

¿Quién será? Episodio 2

—Buenos días, Marcos.

—Buenos días, Profesora.

—Es el candidato español. Y ahora... ¡Marcos!... Nicolás Ortega García. Le gusta el arte. Es un chico muy simpático. Nicolás es de San Juan, Puerto Rico.

—¿Y tienes buenos estudiantes este año?

—Sí, tengo unos estudiantes muy atléticos este año y unos que son poco perezosos.

—Yo tengo un estudiante que es muy trabajador. Siempre hace las tareas a tiempo. Y si le pido dos dibujos, ¡hace cinco!

—¿Ah, sí?

—Sí, es un poco serio y también un poco tímido. Pero creo que va a ser muy buen artista.

—¿Quién es?

—Se llama Nicolás Ortega García.

—¡¿Nicolás?!

—Sí, ¿por qué?

—Dime, ¿cómo es?

—Es alto y rubio.

—¿Cuántos años tiene?

—Tiene quince años.

—Yo tengo un Nicolás Ortega García en mi clase de educación física.

—¿Ah, sí?

—Sí, pero este Nicolás no es trabajador; es perezoso.

—¡No me gustan los deportes!

—No, este Nicolás no es serio; es cómico.

—No es el mismo Nicolás.

—No, es verdad. Hay dos Nicolases apellidos Ortega García en este colegio, ¿no crees?

—Sí. Así es. Hasta luego.

Variedades

La que no me reclame como propiedad privada.

Aquella a quien confíe los secretos de mi almohada.

Que no tenga que probarse a cada instante lo que siento.

Una dama frente al mundo y en la intimidad.

Que esa mujer sea puro fuego.

La que no debe perfumarse cada día con agua bendita.

Y que siempre tenga un sí al deshojar la margarita.

Esa misma que le dé luz a mi vida

cada día al entregarse.

A mí me gusta la mujer con pantalones.

Que tenga siempre su opinión y sus razones.

Que a la hora de amar sea una ráfaga de viento.

Que me arrulle el corazón con sentimiento.

A mí me gusta la mujer con pantalones.

Mi complemento cuando lleguen decisiones.

Ella es todas las que amé en una sola mujer.

La que me salva la vida cada día en su querer.

Si el carácter no anda bien en el silencio esperaré

a que pase la tormenta y en la calma

nos podemos entender.

A mí me gusta la mujer con pantalones.

Que tenga siempre su opinión y sus razones.

Que a la hora de amar sea una ráfaga de viento.

Que me arrulle el corazón con sentimiento.

A mí me gusta la mujer con pantalones.

Mi complemento cuando lleguen decisiones.

Ella es todas las que amé en una sola mujer.

La que me salva la vida cada día en su querer.

En su querer.

A mí me gusta la mujer con pantalones. (bis 5)

Que no deje de ser tierna

ni enseñar un poco de pierna.

Cachondita cosa rica,

no me dejes de querer.

A mí me gusta la mujer con pantalones. Así me gusta. (bis)

Chapter 3
GeoVisión

¡Texas! El segundo estado más grande de Estados Unidos. Su nombre viene de la tribu Caddo y quiere decir "amigos". Más de tres millones de hispanos viven aquí sobre todo en el sur del estado.

Hola. Me llamo Alejandra y soy de El Paso, Texas. Texas es fascinante y me gusta mucho vivir aquí. ¿Quieren ver más? Muy bien.

El español, Cabeza de Vaca fue el primer europeo en explorar ese territorio en el año mil quinientos veintiocho. De ahí llegaron otros españoles como Francisco Coronado. La bandera de España fue la primera bandera europea en ondear sobre Texas, una colonia de la Nueva España. En mil ochocientos veintiuno la bandera española se convirtió en la mexicana cuando México ganó su independencia de España. Después, Texas fue una república independiente y por fin una parte de Estados Unidos.

Pero la cultura y las tradiciones tejanas de hoy tienen muchos elementos españoles y sobre todo mexicanos. En la ciudad de San Antonio hay misiones españolas muy famosas como la misión de Concepción y la misión de San José. En San Antonio también está el Álamo, sitio de la famosa batalla entre los tejanos y mexicanos. También en San Antonio hay sitios donde la arquitectura recuerda el estilo español colonial.

En el oeste, la frontera entre México y Estados Unidos separa las ciudades de El Paso y Ciudad Juárez en México.

Pero, la influencia mexicana es evidente por todo el estado. En la música, la comida, el arte, los medios de comunicación. El Texas de hoy es un estado muy diverso que tiene una historia muy rica, desde lo histórico a lo tradicional, a lo comercial, a lo moderno. Conocer Texas es conocer no sólo una parte de Estados Unidos sino también una parte de la historia de España y de México.

Texas es muy interesante, ¿verdad? ¿A ti, qué te parece?

ExpresaVisión 1

—Psst, Alejandra. ¿Qué te gusta hacer?

—¿A mí? Me gusta leer revistas.

—Ah. ¿Te gusta escribir cartas?

—Sí. Me gusta escribir cartas.

—¿Y te gusta dibujar?

—Sí me gusta dibujar. Soy artista.

—¿Te gusta escuchar música?

—¿Escuchar música? Sí, a todo el mundo le gusta, ¿no?

—¿Te gusta comer?

—Sí, me gusta comer.

—¿Y qué tal... navegar por Internet?

—Sí, a todo el mundo le gusta navegar por Internet.

—¿Te gusta jugar al tenis?

—No. No me gusta jugar al tenis.

—¿Te gusta hablar?

—No, no me gusta hablar. ¡Me gusta más pasar el rato sola!

—Bueno. Perdón. Adiós.

GramaVisión 1.1

The present tense of **gustar** with infinitives

—Infinitives in Spanish are organized into three categories, depending on the vowel in the ending: verbs that end in **-ar** like **cantar,** verbs that end in **-er** like **comer,** verbs that end in **-ir** like **escribir.** The infinitive tells the meaning of the verb without naming any subject or tense. You've already learned how to use a noun with **gusta** or **gustan** to tell what you like.

—Me gusta la pizza.

—¡Me gustan los dulces también!

—You can use an infinitive after the verb **gusta** to say what you like to do.

—Me gusta comer.

—Always use **gusta,** not **gustan,** with infinitives.

—Me gusta jugar al tenis.

—A mis amigos les gusta ir al cine.

—Y la música es muy importante.

—Bueno Ana, me gusta mucho la música y también me gusta cantar.

—Ay, ¡Qué bueno! ¿Qué música te gusta más?

—A ver, la música del Caribe es fenomenal, pero me gusta escuchar música de todo tipo.

—¿Y tus amigos? ¿Quieren cantar también?

—Hmm, ni idea. No les gusta mucho la música, les gustan más los deportes. Les gustan jugar al fútbol o al tenis.

—Bueno, si es posible...

—No es buena idea. ¿Y tus amigas?

—Mis amigas son muy tímidas. No les gusta cantar. Les gusta más leer novelas.

—Ah...

GramaVisión 1.2

Pronouns after prepositions

—Pronouns that stand for the same person or thing can have different forms, based on how they're used in the sentence. Pilar is using the subject pronoun **yo** to refer to herself.

—Yo soy Pilar.

—Other subject pronouns are: **tú, usted, él, ella, nosotros, nosotras, vosotros, vosotras, ustedes, ellos,** and **ellas.** Pilar is now using the pronoun **me** to refer to herself because she is using the verb **gustar.**

—Me gusta la música!

—Other pronouns you use with **gustar** are: **te, le, nos, os,** and **les.**

—¿Y a ti te gusta la música?

—Pilar is now using the pronoun **ti,** to refer to "you" because the pronoun comes just after a preposition.

—Si te gusta la música, ven conmigo a la fiesta de Pedro.

—Other pronouns you use with prepositions are **mí, usted, él, ella, nosotros, nosotras, vosotros, vosotras, ustedes, ellos,** and **ellas.**

—When you use the preposition **con** with the pronouns **mí** and **ti,** you combine the two into special forms. **Con** combined with **mí** becomes **conmigo. Con** combined with **ti** becomes **contigo.**

—¿Qué tal Luis? ¿Quieres hablar con él?

—No, no. Está bien. Luis sí quiere cantar con nosotras.

—¡Qué bueno! ¿Y los amigos de Luis?

—A ellos no les gusta mucho la música.

—Hmm... ¿Y Luis? A él le gusta la música y quiere cantar, pero a mí me gusta escuchar prime... (primero)

—Sí, sí. Estoy contigo.

—Está bien.

GramaVisión 1.3

The present tense of **querer** with infinitives

—The verb **querer** has different forms, depending on who the subject is. With some forms, the stem of **querer** changes to **quier.** For other forms, the stem stays

(111)

quer, just like in the infinitive. Now, you add endings. The endings change depending on the subject.

—¡Quiero correr!

—¡Sí, pero nosotros queremos nadar!

—¿Cómo queremos hacer las audiciones, Ana?

—Me da igual. Pero Luis y Enrique quieren cantar primero.

—Bueno, primero Luis y después Enrique.

—Está bien.

—¿Quieres fruta?

—No gracias. No quiero comer. Luis, ponte ahí.

—Hola Marta, Ana. ¿Ustedes quieren escuchar buena música?

—Muy bien.

—No hace sol cuando llueve y cuando nieva hace frío en mi corazón. Y hace viento en los momentos de tristeza. ¿Por qué no hace buen tiempo en mi vida? No tiene rol que se pruebe y el mundo se lleva...

Comparaciones

Selena, El Paso

[Diana] Hola Selena, ¿cómo estás?

[Selena] Muy bien, Diana, ¿y tú?

[Diana] Bien, gracias. Vamos a hablar sobre gustos y pasatiempos.

[Diana] Dime, ¿adónde vas cuando hace buen tiempo?

[Selena] Me gusta salir al parque.

[Diana] ¿Vas sola o vas con amigos?

[Selena] Me gusta ir con amigos.

[Diana] ¿Qué les gusta hacer en el parque?

[Selena] Nos gusta ir a correr o jugar fútbol; si no, platicar.

[Diana] ¿Qué no te gusta hacer?

[Selena] No me gusta pasar el tiempo sola.

[Diana] ¿Por qué no te gusta?

[Selena] Porque me gusta estar acompañada con familia y a amigos.

[Diana] Bien, muchas gracias, Selena.

[Selena] De nada.

Rita, Peru

[Diana] Hola Rita, ¿cómo estás?

[Rita] Bien, ¿y tú?

[Diana] Muy bien gracias. Vamos a hablar sobre los pasatiempos y gustos. Dime, ¿a dónde vas cuando hace buen tiempo?

[Rita] Cuando hace buen tiempo voy a la playa, al cine o a acampar.

[Diana] ¿Vas sola o vas con amigos?

[Rita] Voy con amigos.

[Diana] ¿Qué les gusta hacer en esos lugares?

[Rita] Cuando vamos a la playa, nos gusta nadar y jugar, cuando vamos al cine, ver películas y cuando vamos a acampar, hacer fogatas.

[Diana] ¿Qué cosas no te gusta hacer?

[Rita] No me gusta ir a clase de matemáticas.

[Diana] ¿Por qué no te gusta?

[Rita] No me gusta porque es aburrido y a veces no entiendo.

[Diana] Muy bien Rita, muchas gracias.

[Rita] Gracias a ti.

Roberto, Madrid

[Diana] Hola Roberto.

[Roberto] Hola.

[Diana] Vamos a hablar sobre gustos y pasatiempos.

[Diana] Dime, ¿adónde vas cuando hace buen tiempo?

[Roberto] Cuando hace buen tiempo, me gusta ir a la piscina o a bañarme con mis amigos a la playa.

[Diana] ¿Vas solo o vas con amigos?

[Roberto] Con mis amigos.

[Diana] ¿Qué les gusta hacer en ese lugar?

[Roberto] Jugar a la pelota y nadar.

[Diana] ¿Qué cosas no te gusta hacer?

[Roberto] Estudiar, no me gusta nada estudiar.

[Diana] ¿Por qué no te gusta?

[Roberto] Porque es aburrido y no sé, prefiero irme a patinar.

[Diana] Muy bien, muchas gracias.

ExpresaVisión 2

—Hola, ¿Cómo estás?

—Oye, ¿Qué quieres hacer hoy? ¿Ni idea? ¿Quieres ir al gimnasio?

—Hmm. ¿Al parque?

—Hmm. ¿Al cine?

—Hmm. Bueno, no quieres ir a la iglesia, no es domingo.

—Bueno. No quieres estudiar. ¡Nunca quieres estudiar!

—Bueno. ¿Quieres tocar el piano?

—Hmm. Bueno. ¿Qué quieres hacer? Ah, ¿nadar? ¿Quieres ir a la piscina?

GramaVisión 2.1

Present tense of regular -ar verbs

—You already know that verbs in Spanish are organized into three categories.

—Verbs with infinitives ending in -ar, like hablar. Verbs with infinitives ending in -er, like comer, and verbs with infinitives ending in -ir, like escribir. The infinitive form doesn't name a subject. To give a verb a subject, you conjugate it. To conjugate a regular -ar verb, you have to drop the -ar ...and add the ending that goes with the subject.

—¿Hablas inglés, Julio?

—Si, hablo inglés.

—¿Y Nena, habla inglés?

—Si, habla inglés.

—¿En tu familia, habláis todos inglés?

—Si, hablamos inglés.

—Notice that Julio and his friend are not using subject pronouns, just the conjugated verb. That's because the verb ending usually tells you who the subject is. If it's not clear who the subject is, or to emphasize the subject, add a subject pronoun.

—¿Luisa y Diego hablan inglés también, no?

—Mm... , ella habla inglés pero él no habla inglés.

—Ay Dios mío. Pobre Luis. ¡Cómo canta!

—Es pésimo. Eso no es cantar.

—Pero él es muy simpático y quiere cantar. Él toca el piano.

—Pero da igual. Tú y yo tocamos el piano.

—Pero va todos los días al ensayo con los amigos.

—¿Qué hace Luis en el ensayo? No canta.

—Bueno, los amigos cantan. Él escucha.

—Bueno, tenemos otros candidatos. ¿Escuchamos?

—Está bien. ¿Quién sigue?

GramaVisión 2.2

—When you're talking about playing a sport or a game... you use the verb jugar. Jugar has regular endings, like other verbs ending in -ar you've seen ... but the u changes to ue in all forms ... except the nosotros and vosotros forms. To say you go somewhere, use the verb ir.

—Voy a la piscina.

—¿Vas a la piscina?

—Él va a la playa.

—Vamos al parque.

—¿Vais al parque?

—Ellas van al parque.

The preposition a and the article el combine to become al.

—Nosotros vamos al parque para jugar al tenis.

—Hola, Ana.

—Hola Luis.

—Oye, ¿y qué tal mi audición?

—Este... Luis, ¿juegas al volibol? Todos los viernes voy al gimnasio con Marta y Julia.

—No gracias. No juego al volibol. ¿Y mi audición?

—Eh. Perfecto. Fenomenal. Cantas como un ángel.

(113)

—Gracias. ¿Cuándo vamos al ensayo?

—¿El ensayo? Este... las chicas van solas al ensayo los lunes.

—¿Cuándo van los chicos?

—Este... Perdón Luis. Julia y Marta ya van al gimnasio. Tengo que irme. Nos vemos.

GramaVisión 2.3

Weather expressions

—To talk about the weather, you usually need the word **hace,** a form of the verb **hacer.**

—¿Qué tiempo hace, Miguel?

—Hace buen tiempo.

—¿Qué tiempo hace, Adela?

—¡Hace sol y hace calor!

—¿Qué tiempo hace, Jaime?

—¡Hace frío!

—¿Qué tiempo hace, Inés?

—¡Hace viento!

—To say that it rains, say **llueve,** a form of the verb **llover.**

—¡Llueve mucho!

And to say that it snows, say **nieva,** a form of the verb **nevar.**

—Nieva en mi ciudad.

—Hola, ¿cómo te llamas?

—Eh... Me llamo Enrique Vargas.

—Muy bien Enrique. ¿Y cantas con frecuencia?

—Bueno, sólo cuando llueve, y nunca cuando hace frío.

—Muy bien, Enrique. ¿Qué quieres cantar para nosotras?

—Este... Quiero cantar... No hace sol cuando llueve y cuando nieva hace frío en mi corazón. Y hace viento en los momentos de tristeza. ¿Por qué no hace buen tiempo en mi vida? No tiene rol que se pruebe y el mundo se lleva...

¿Quién será? Episodio 3

—¡Sofía! ¡Hija!

—¡Sofía! ¡Hija! ¡Por favor!

—¿Sí, mamá?

—Sofía, ¿a ti te gusta mucho la música, verdad, hija?

—Sí, mamá.

—Y te gusta bailar, ¿no es así, hija?

—Claro, mama, me gusta mucho bailar. ¿Porqué?

—Pues, tu papá y yo hablamos ... y ...

—¿Y?

—Vas a tomar clases de ballet los lunes y los viernes en la Academia de Danza Clásica.

—Pero, mamá, ¡yo no quiero tomar clases de ballet!

—El ballet es música y es baile, hija, las dos cosas que más te gustan en todo el mundo...

—Pero, mama, ¡el ballet es aburrido!

—No quiero hablar más. Sofía, aquí está la dirección.

—¿Viernes? Mamá, ¡hoy es viernes!

—Sí, hija. Hoy vas a la clase de ballet a las cinco en punto, después del colegio. ¡Adiós, cariño! Nos vemos más tarde.

—¿Ballet? ¿Yo? ¿Bailarina? ¡Nunca!

—Estuvo muy difícil, el examen.

—Pues creo que a mí me fue bien.

—¿Qué quieres hacer hoy después de clases?

—Ah, no sé.

—Hace muy buen tiempo hoy. ¿Por qué no vamos a la piscina a nadar?

—No, no quiero nadar. Quiero ir al cine. Hay una película formidable en el Cineplex que quiero ver.

—Pero, no quiero ir a la piscina. Y tampoco quiero ir al cine.

—¡Pero, Sofía! ¡Hoy es viernes! ¡Siempre hacemos algo juntos los viernes!

—Sí, ya lo sé. Pero hoy no quiero hacer nada. Voy a casa a estudiar.

—¿Qué te pasa, Sofía? ¡Tú casi nunca estudias los viernes por la noche!

—Sí. Es verdad. Pero simplemente quiero descansar. Voy a escuchar música.

—¡Quieres bailar! ¿Quieres ir al baile de la iglesia?

—No, no gracias.

—Hablamos por teléfono este fin de semana. ¡Adiós!

—Algo muy raro aquí.

—Sí, muy raro. Es viernes y ¡no quiere salir con sus amigos!

—¡Oiga!

—Tengo otro candidato.

—Sí, es un chico de Texas.

—Después de Puerto Rico, te vas a Texas. El Paso, Texas. ¿Vale?

—Sí

—Ya tengo cuatro candidatos. Sólo me faltan seis.

Variedades

Amor, amor, amor.

Nació de ti, nació de mí, de la esperanza.

Amor, amor, amor.

Nació de Dios para los dos, nació del alma.

Sentir que tus besos se anidaron en mí
igual que palomas mensajeras de luz.

Saber que mis besos se quedaron en ti,
haciendo en tus labios la señal de la cruz.

Amor, amor, amor.

Nació de ti, nació de mí, de la esperanza.

Amor, amor, amor.

Nació de Dios para los dos, nació del alma.

Sentir que tus besos se anidaron en mí
igual que palomas mensajeras de luz.

Saber que mis besos se quedaron en ti,
haciendo en tus labios la señal de la cruz.

Amor, amor, amor.

Nació de ti, nació de mí, de la esperanza.

Amor, amor, amor.

Nació de Dios para los dos, nació del alma.

Amor, amor, amor.

Nació de ti, nació de mí, de la esperanza.

Amor, amor, amor.

Nació de Dios para los dos, nació del alma.

Chapter 4
GeoVisión

¡Bienvenidos a Costa Rica! Costa Rica está en Centroamerica, entre Nicaragua y Panama. Con una extensión de cincuenta y uno mil, cien kilómetros cuadrados, Costa Rica es un pais pequeño, pero lo tiene todo.

¡Hola! Mi nombre es Rogelio y soy de Costa Rica. Vengan, les quiero enseñar mi pais. Un cinco por ciento de la biodiversidad del mundo se encuentra en Costa Rica... cientos especies de aves y animales, árboles y flores. Costa Rica está rodeada por montañas, bosques y playas.

El primero europeo que llegó a Costa Rica fue Cristóbal Colón, el 18 de septiembre de 1502 durante su último viaje al Nuevo Mundo.

Esta es una plantación de café. La principal actividad económica de Costa Rica es la agricultura. Pero ademés de café, también se produce cacao, banano, caña de azucar y más.

Costa Rica tiene siete provincias: la ciudad de San José, fundada en 1737, es la capital del país. Aunque no siempre fue así. Cartago, fue la capital de Costa Rica hasta 1823. En Cartago está la Basílica de Nuestra Señora de los Ángeles, la Santa patrona de los costarricenses. La Basílica fue destruida por un terremoto en 1926, y fue reconstruida con estilo Bizantino. Las Ruinas de Cartago son restos de una iglesia destruida en el terremoto de 1910. Hoy día, son el hogar de un hermoso jardín.

La provincia de Heredia tiene un centro muy histórico. Fundada en 1706, el centro tiene un carácter muy colonial. El Parque Central es muy bonito, y frente a él está la Iglesia La Inmaculada Concepción. Al norte del parque, están el Fortín y la Casa de la Cultura, edificios de interés histórico nacional.

En Alajuela, cerca del parque central está la estatua a Juan Santamaría, el héroe nacional, nacido allí y quién defendió a Costa Rica en la guerra de 1856. Frente al aeropuerto está un monumento a la agricultura diseñado por el famoso escultor costarricense Francisco Zúñiga.

Unos 37 kilómetros al norte de Alajuela está el Volcán Poás, con su enorme crater.

En la Zona Norte del país, está el imponente Volcán Arenal, impresionante, ¿verdad?...

Al Nortoeste, está Guanacaste, provincia de clima seco, famosa por su ganadería, y por sus playas.

En la costa del Pacífico, está Puntarenas, que cuenta con un importante puerto para la exportación.

Vamos ahora a la costa del Atlántico. Aqui está Limón, la provincia del Caribe. Su clima y vegetacion tropical, sus playas y su gente la hacen un lugar único.

Costa Rica es un pueblo de gente culta, donde más del noventa por ciento de la gente sabe leer. También es un pueblo de paz. De hecho, desde mil novecientos cuarenta y nueve, no tiene ejército ni otras fuerzas armadas. Y en mil novecientos ochenta y siete, el presidente de Costa Rica, Óscar Arial Sánchez ganó el Premio Nóbel por ayudar a establecer la paz entre El Salvador, Nicaragua y Guatemala. Los costarricenses, o los ticos, son una gente de naturaleza cálida como nuestro clima.

¿Qué les parece? Un país tan pequeño pero tan inmenso en belleza. Así es Costa Rica. ¡Los espero pronto!

ExpresaVisión 1

—La clase de matemáticas, la clase de matemáticas.

—Hola Rogelio, ¿Cómo estás? ¿Tienes un problema?

—Ah, hola Ana María. Bueno, son las nueve y veinte. Tengo la clase de matemáticas a las nueve y media. Necesito muchas cosas.

—Bueno, ¿Qué necesitas? ¿Papel?

—No, no está bien. Gracias.

—¿Seguro? Porque en mi mochila, tengo un montón.

—Está bien. Gracias Ana María.

—¿Qué más necesitas?

—Bueno, necesito una regla... una calculadora... y unos lápices. Bueno, sólo un lápiz.

—¿No necesitas un reloj?

—No, no gracias. Ya tengo un reloj.

—¿Unos zapatos?

—No, no, gracias. Ya tengo unos zapatos. Mira Ana María, tengo que irme. Muchas gracias. Adiós.

GramaVisión 1.1

—The indefinite articles **un, una, unos,** and **unas** are used before a noun when you don't have a specific noun in mind. Any will do. Use **un** for a masculine singular noun.

—¿Tienes un diccionario?

—No.

—Use **una** for a feminine singular noun.

—¿Tienes una calculadora?

—No.

—Use **unos** for a masculine plural noun.

—¿Tienes unos bolígrafos?

—No.

—Use **unas** for a feminine plural noun.

—¿Tienes unas carpetas?

—Si.

—To ask how many, use a form of **cuántos.**

—¿Cuántas carpetas tienes?

—To tell how many, use a form of **muchos**

—Tengo muchas carpetas.

or **pocos.**

—Tengo pocas carpetas.

GramaVisión 1.2

Present tense of **tener** and some **tener** idioms

—Yo tengo un libro.

—Tú tienes un libro.

—Él tiene un libro también.

—Nosotros tenemos libros.

—Vosotros tenéis libros.

—Ellos tienen libros.

—Yo tengo.

—Tú tienes.

—Ella tiene.

—Nosotros tenemos.

—Ustedes tienen.

—**Tener** is used in common expressions and is not always translated as "have".

—Tengo mucha sed.

—Tengo mucha hambre.

—Tengo prisa.

—Tengo ganas de correr.

—Tengo que salir.

GramaVisión 1.3

The verb **venir** and **a** with time

—The present tense of **venir**, *to come,* looks like **tener.**

—yo vengo

—tú vienes

—él, ella, usted viene

—ellos, ellas, ustedes vienen

—The **nosotros** and **vosotros** forms of **tener** and **venir** are different.

—nosotros venimos

—vosotros venís

—To say *at what time,* use the preposition **a** before the time.

—¿A qué hora viene Olga?

—Vengo a las tres.

Comparaciones

Julio, Costa Rica

[Diana] Hola Julio.

[Julio] Hola.

[Diana] Vamos a hablar sobre la vida escolar. ¿A qué colegio asistes?

[Julio] Yo asisto al colegio de Santa Ana.

[Diana] ¿Cómo es un día típico en tu colegio?

[Julio] Un día típico es entrar a las siete de la mañana, salir a las once y veinte de la mañana, ir a almorzar, eh, regresar de nuevo a las doce y de ahí hasta las cuatro y veinte de la tarde. Luego ya returno uno a la casa uno.

[Diana] ¿Qué materias tienes?

[Julio] Eh, a nosotros nos dan matemáticas, inglés, francés, español, estudios sociales.

[Diana] ¿Son materias obligatorias u opcionales?

[Julio] Hasta tercer año inglés y francés son obligatorias y de cuarto a quinto uno puede escoger entre inglés y francés.

[Diana] ¿Cuál es tu materia favorita y por qué?

[Julio] Mi materia favorita es matemáticas, es más fácil para mí desarrollarla.

[Diana] Muy bien, muchas gracias.

[Julio] De nada.

[Diana] Hasta luego.

[Julio] Hasta luego.

Jasna, Chile

[Diana] Hola Jasna, ¿cómo estás?

[Jasna] Muy bien, ¿y tú?

[Diana] Bien gracias. Vamos a hablar sobre la vida escolar.

[Jasna] Está bien.

[Diana] ¿A qué colegio asistes?

[Jasna] Asisto al Colegio Carmen Macfi.

[Diana] ¿Cómo es un día típico en tu colegio?

[Jasna] Bueno, entro en la mañana, ocho y media, y bueno, tenemos distintas materias, eh, durante los días y tenemos recreo, luego el almuerzo y después salgo a las tres. Y me voy a mi casa y estudio.

[Diana] ¿Qué materias tienes?

[Jasna] Tengo castellano, historia, matemáticas, inglés, los electivos y ciencias que es química, física y biología.

[Diana] ¿Son materias obligatorias u opcionales?

[Jasna] Eh, los electivos son, eh, opcionales.

Yo en mi caso tomé ciudad contemporánea y problemas del conocimiento y cuando estás en cuarto medio con ciencias puedes eliminar una que en mi caso yo eliminé física.

[Diana] ¿Cuál es tu materia favorita y por qué?

[Jasna] Eh, mi materia favorita es cuidad contemporánea porque me permite conocer otras ciudades alrededor del mundo.

[Diana] Ya muchas gracias Jasna.

[Jasna] De nada.

Sol, Argentina

[Diana] ¿Cómo estas Sol?

[Sol] Bien, todo bien.

[Diana] Vamos a hablar sobre la vida escolar.

[Sol] Bueno.

[Diana] ¿A qué colegio asistes?

[Sol] A la Inmaculada Concepción que queda ubicada en la localidad de la Luz, Buenos Aires, Argentina.

[Diana] ¿Cómo es un día típico en tu colegio?

[Sol] Entramos a las siete, va, salgo, eh, [de] mi casa a las siete, llegamos al colegio a las siete y cuarto, me tomo el colectivo, y depende del día tenemos cada materia. Como sea... El lunes empezamos con matemáticas, seguimos con lengua y bueno, y hay días que tenemos toda la jornada completa porque vamos al club o si no otros días que cortamos a las doce.

[Diana] ¿Qué materias tienes?

[Sol] Tenemos lengua, matemática, sociales, naturales, gimnasio, educación física. También tenemos música, tenemos talleres a la tarde por eso... bastantes cosas.

[Diana] ¿Son materias obligatorias u opcionales?

[Sol] No, depende del día, como sea, a veces nos quedamos hasta más tarde que no son las obligatorias que es opcional y otras veces seguimos el resto del día la jornada completa y esas no son opcionales.

[Diana] ¿Cuál es tu materia favorita? ¿Y por qué?

[Sol] La materia favorita son gimnasia, educación física y matemáticas. Porque así mi mamá es profesora de matemáticas y educación física y siempre hablo con ella y toda esas cosas.

[Diana] Muchas gracias Sol.

[Sol] De nada.

ExpresaVisión 2

—Rogelio, hola. ¿Qué tal la clase de matemáticas?

—Bueno, vamos a presentar el examen mañana.

—Ah ¡qué suerte! ¿Tienes hambre? ¿Vas a ir a la cafetería?

—No, no voy a ir la cafetería. Voy a ir al gimnasio.

—¿Ah sí? Yo también tengo clase de educación física a la una y media. Voy con vos.

—No, no, no. Ahora tengo que estudiar. Voy a ir a la biblioteca.

—Mira, son las once y media. Yo tengo que ir a la biblioteca también.

—¿Son las once y media? Tengo mi clase de inglés ahora. Voy a ir al salón de clases.

—Rogelio, el viernes próximo, en el auditorio, hay un concierto. ¿Quieres ir?

—Gracias Ana María, pero el viernes próximo, tengo que estudiar porque...

—¡Qué lástima! Voy a tener que salir con David.

GramaVisión 2.1

Ir a with an infinitive

—To say what someone is *going to do,* use the present tense of **ir,** followed by the preposition **a,** followed by an infinitive.

—Voy a dibujar.

—Voy a nadar.

—To say *on what day,* use **el**

—Voy a nadar.

—followed by the day.

—Vamos a nadar el sábado.

—¡Es sábado!

GramaVisión 2.2

The present tense of **-er** and **-ir** verbs and tag questions

—**Comer, beber, leer, correr** are **-er** verbs. **Abrir, asistir, escribir, interrumpir** are **-ir** verbs. To conjugate them, replace the **er** and **ir** endings.

—Yo leo.

—Tú lees.

—Él interrumpe.

—Nosotros corremos.

—Nosotros escribimos.

—Vosotros bebéis.

—Vosotros escribís.

—Ellos leen.

—When you're fairly certain about something, but want to check to make sure, use a tag question.

—Les gusta leer, ¿no?

—Tú no lees, ¿verdad?

—¡No! No me gusta leer.

GramaVisión 2.3

Some **-er** and **-ir** verbs with irregular **yo** forms

—**Hacer, poner, traer, ver, saber, salir** have irregular **yo** forms.

—Yo hago la tarea.

—Yo pongo la tarea en la mochila.

—Yo traigo la tarea en la mochila.

—Yo veo al profesor.

—Yo sé mucho de matemáticas.

—Did you notice the use of **"de"**? **Salir de** means *to leave a place.*

—Yo salgo de la mochila.

—Yo sé mucho de matemáticas.

¿Quién será? Episodio 4

—Eh, Mateo.

—Eh.

—Oye, Nicolás, ¿a qué hora es tu clase de matimáticas?

—Tengo matemáticas a la una de la tarde. ¿Por qué?

—Porque yo tengo matemáticas ahora y necesito muchas cosas para la clase.

—¿Qué necesitas?

—Necesito un lápiz, una regla y papel.

—¿Es todo?

—Bueno, si tienes una calculadora...

—No, no tengo calculadora, pero ¡sí tengo tu pelota de tenis!

—¡Ey!

—Mira, vámonos.

—Ah, pues ... Vale.

—Mírame de vuelve el lápiz, ¿ok?

—Ah, claro que te lo vuelve. Ok.

—Oigan, ¿qué tal si vamos al partido de béisbol después de clases?

—Claro que sí.

—No, no tengo ganas.

—¿No tienes ganas? ¿Qué vas a hacer?

—E... voy a... voy a...

—¿Vas a qué? ¿Vas a hacer ejercicio?

—No, nunca hago ejercicio los lunes, ¿sabes? Los lunes son para...

—¿Para qué? ¿Qué vas a hacer?

—Ver televisión. Mi programa favorito... esta noche ... en la tele ....

—Ah sí. ¿Cuál es tu programa preferido?

—Eh, tengo que irme. ¡Nos vemos!

—¿Y mañana? ¿Vas al concierto en el gimnasio?

—¿Y pasado mañana? Hay una reunión del club de ajedrez pasado mañana en la cafetería. Vas a ir, ¿verdad?

—No, no voy. Tengo un partido de tenis.

—Ah... ¡Qué lástima!

(119)

—¿Quieres ver adónde va Nicolás?

—Sí, pero, ¿y el partido de béisbol?

—No importa, vamos.

—¿Qué hace Nicolás?

—No sé. ¿Pero qué hace ese señor?

—Ahora tengo un candidato de Costa Rica. Marcos tiene que ir a Costa Rica.

—Sí, Marcos, tienes que ir a Costa Rica. Sí, sí, después de Puerto Rico te vas a El Paso, y después de El Paso, a San José... Vale. Adiós

Variedades

Gabriela se alimenta mejor todos los días. Para que todos los niños uruguayos que lo necesiten puedan hacerlo, debemos continuar lo que empezamos. Juntos. No lo olviden. Tributación de Educación Primaria. Un pequeño aporte anual, por el pasado, para el futuro.

Chapter 5
GeoVisión

¡Bienvenidos a Chile! El país se extiende a lo largo de cuatro mil trescientos kilómetros desde Perú y Bolivia en el norte, hasta el Estrecho de Magallanes en el sur. El territorio chileno es muy variado e incluye desierto en el norte, valles verdes con viñedos y montañas nevadas en el centro, y lagos y paisajes congelados en el sur.

Hola, me llamo Elena y soy chilena. Ahora me encuentro en Valle Nevado un centro de esquí cerca de Santiago, la capital chilena. ¿Les gusta esquiar? A que no sabían que una visita a Chile puede incluir de esquí. Vengan, les enseño más.

Los primeros habitantes de Chile eran los mapuche. En mil quinientos cuarenta y uno el explorador español, Pedro de Valdivia llegó al Valle Central para fundar la ciudad de Santiago. Hoy en día la cultura chilena tiene de todo: la vida campestre de los mapuche, la memoria de su pasado colonial español, música y bailes tradicionales como la cueca y todos los elementos de una sociedad desarrollada del siglo veintiuno.

Hoy en Chile uno puede bañarse o tomar el sol en las playas de Viña del Mar; conocer los cerros formidables de la ciudad de Valparaíso, el puerto más importante del país; esquiar en las montañas de los Andes; navegar los lagos en el sur; conocer las ruinas de Rapa Nui, también llamado la Isla de Pascua, con sus enormes estatuas moai; comprar artesanías, como lapislázuli y cobre. A propósito, Chile es el exportador de cobre más grande del mundo.

También es un país de escritores, entre los más famosos son Isabel Allende y dos ganadores del premio Nóbel Gabriela Mistral y Pablo Neruda

Y ya po'. Así es Chile, una larga y angosta querida faja de tierra. Hay mucho aquí a conocer. Vengan no más. Chaíto.

ExpresaVisión 1

—Me llamo Elena y vivo en Santiago. Te presento a mi familia: mi abuela, mis padres, mi madre, mi padre, Clara, mi hermana mayor, el hermano de mi madre, mi tío Carlos, el hijo de mi tío Carlos, mi primo Mauricio. Somos siete.

GramaVisión 1.1

Possessive adjectives

—To show ownership or relationship, you use possessive adjectives. Possessive adjectives tell you who the owner is, but they agree in gender and number with what's owned.

—¿Es tu bolígrafo?

—No, no es mi bolígrafo.

—Es su bolígrafo.

—¡Gracias!

—Add "s" to a possessive adjective when more than one thing is owned.

—¿Son tus papeles?

—Son sus papeles.

—Son nuestros perros.

—**Nuestro** and **vuestro** have feminine forms as well as plural forms.

—Ella es nuestra maestra.

—Here, because **maestra** is feminine, **nuestra** is feminine.

—José y Carmen, ¿dónde está vuestra amiga?

—¡Allí está!

—Tú eres mi mejor amigo, mi amor.

—Hola Marta. ¿Cómo estás? ¿Quién es tu amor?

—Es un secreto entre él y yo. Es nuestro secreto.

—Pero, yo soy tu amiga. Quiero saber. Tengo un amor también.

—También es nuestro secreto.

—Por favor. Quiero saber.

—Bueno, es Luis. Aquí tengo su foto.

GramaVisión 1.2

Stem-changing verbs: **o** to **ue**

—Many verbs, like **almorzar, dormir,** and **llover,** have a change from **o** to **ue** in their stems in all forms except the **nosotros** and **vosotros** forms.

—Me gusta almorzar en el parque.

—Y usted, ¿almuerza en el parque con frecuencia?

—Sí, almuerzo aquí todos los días.

—Yo como también. Me gusta dormir después de comer.

—Ustedes, ¿duermen aquí con frecuencia?

—Yo almuerzo y él duerme.

—Y ustedes, ¿también almuerzan aquí?

—No, no almorzamos ni dormimos aquí.

—¿Por qué no?

—¡Porque frecuentemente llueve!

—Luis es mi mejor amigo. Mi amor.

—Pero también es mi mejor amigo. Mi amor.

—No es posible. Esto es imposible.

—Yo almuerzo con Luis los martes y los jueves.

—Hmm. Bueno, él y yo almorzamos los lunes y los miércoles.

—Y cuando yo vuelvo a casa, él siempre viene conmigo.

—Y él siempre juega al tenis conmigo. Y cuando llueve, hablamos mucho por teléfono.

—¡Qué tontas somos!

GramaVisión 1.3

Stem-changing verbs: **e** to **ie**

—Many verbs, like **empezar, merendar,** and **querer,** have a vowel stem change from **e** to **ie** in all forms except **nosotros** and **vosotros.**

—¿A qué hora empieza el programa?

—Empieza a las cuatro.

—¡A las cuatro!

—¿Qué hacemos hasta las cuatro?

—¿Quieres merendar?

—Sí, yo siempre meriendo por la tarde.

—The forms of **nosotros** and **vosotros** have the same stem as the infinitive.

—¿Que hacen?

—¡Merendamos!

—Remember that the verb **querer,** meaning *to want,* behaves just like **empezar** and **merendar.**

—¿Quieres un refresco?

—Sí, gracias. Quiero una soda, por favor.

—Hola Elena, ¿Cómo estás?

—Hola Luis.

—Oye Elena, ¿qué tal si merendamos algo después de clases?

—¿Merendar? Es Luis. Quiere merendar algo conmigo.

—¡No entiendo!

—Bueno Luis, está bien.

—¿Aló? Es Luis. Quiere ver una película conmigo. Bueno Luis. ¿A qué hora empieza la película?

—Empieza a las cinco.

—Está bien Luis. Nos vemos.

Comparaciones

Amarú, Chile

[Diana] Hola Amarú, ¿cómo estás?

[Amarú] Bien, muy bien.

[Diana] Vamos a hablar sobre tu familia. ¿Quiénes son los miembros de tu familia?

[Amarú] Bueno, está mi papá, mi mamá y tengo dos hermanos y una hermana.

[Diana] ¿Cómo son ellos?

[Amarú] Bueno, mi mamá es muy trabajadora. Ella es pequeña y es muy linda. Mi hermano pequeño es muy grande, muy simpático, pero un poco travieso.

[Diana] ¿Tienes mascotas?

[Amarú] Tengo dos gatos y dos perros.

[Diana] ¿Con qué frecuencia ves a tus tíos y a tus primos?

[Amarú] Bueno, los veo más o menos un domingo al mes.

[Diana] ¿Se llevan bien ustedes?

[Amarú] Bueno, no nos vemos mucho pero nos llevamos bien.

[Diana] Ya muchas gracias.

[Amarú] Con gusto.

Cristian, Argentina

[Diana] Hola Cristian, ¿cómo estás?

[Cristian] Hola, ¿cómo estás? Bien.

[Diana] Bien gracias. Vamos a hablar sobre la familia.

[Cristian] Bueno.

[Diana] ¿Quiénes son los miembros de tu familia?

[Cristian] Bueno, los miembros de mi familia son mi papá que tiene cuarenta años, se llama Hugo. Mi mamá tiene treinta y nueve, se llama Silvia. Después está mi hermana mayor que tiene diecinueve, se llama Mariana. Después estoy yo, me llamo Cristian. Tengo dieciséis años. Y después está mi hermanito más chiquito que tiene doce, se llama Güido.

[Diana] ¿Cómo son ellos?

[Cristian] Te puedo describir, por ejemplo, a mi papá. Mi papá es un hombre alto como yo, tiene el pelo negro, los ojos

marrones y es un poco gordo. Y después te puedo también describir a mi hermana. Mi hermana es una chica muy linda, tiene los ojitos claros, tiene pecas, tiene el pelo castaño y es un poquito más baja que yo.

[Diana] ¿Tienes mascotas?

[Cristian] Sí tengo dos. Dos perros tengo. Una se llama Elisa y es ovejero alemán y después otro que es muy chiquito, es un pequeñez, se llama Tasca.

[Diana] ¿Con qué frecuencia ves a tus tíos y a tus primos?

[Cristian] Y bueno, a mis tíos y a mis primos, los veo realmente en las fiestas una vez por mes, dos veces.

[Diana] ¿Se llevan bien ustedes?

[Cristian] Sí, nos llevamos bien. Hay algunas veces que discutimos, pero igual siempre nos amigamos.

[Diana] Muy bien, muchas gracias Cristian.

[Cristian] No, de nada.

Rebecca, Costa Rica

[Diana] Hola Rebecca, ¿cómo estás?

[Rebecca] Bien, ¿y tú?

[Diana] Bien gracias. Vamos a hablar sobre la familia.

[Rebecca] Está bien.

[Diana] ¿Quiénes son los miembros de tu familia?

[Rebecca] Bueno, ellos son mi mamá, mi papá y mis dos hermanos.

[Diana] ¿Cómo son ellos?

[Rebecca] Bueno, mi padre es alto y es gordo y mi madre es pequeñita y es delgada. Mi hermano mayor, él tiene el pelo negro y es moreno. Y mi hermano menor es rubio y es blanco. Ellos son todos... son muy lindos y muy dulces.

[Diana] ¿Tienes mascota?

[Rebecca] Sí, tengo dos. Tengo, eh, un perro que se llama Jack y una perra que se llama Princesa.

[Diana] ¿Con qué frecuencia ves a tus tíos y primos?

(122)

[Rebecca] Eso depende si tenemos alguna actividad especial como cumpleaños o un aniversario o alguna fiesta.

[Diana] ¿Se llevan bien Uds.?

[Rebecca] Sí, nos llevamos muy bien.

[Diana] Bueno, muchas gracias Rebecca.

[Rebecca] Con mucho gusto.

ExpresaVisión 2

—Y esta casa es muy bonita. Mira la sala.

—Ay, no. Pasar la aspiradora...

—Y tiene una cocina muy linda.

—hmmph ... Tengo que lavar los platos.

—Tiene cuatro habitaciones.

—¿A quién le toca hacer la cama?

—Y hay dos baños.

—¿Lavar los baños? ¿Yo?

—Esta casa es ideal para su familia.

GramaVisión 2.1

Estar with prepositions

—To tell where someone or something is, use the verb **estar** and a preposition.

—This is how you conjugate the verb **estar** in the present tense.

—¿Dónde estás, Pedro?

—Estoy al lado de la mesa.

—¿Dónde estás ahora, Pedro?

—Estoy debajo de la mesa.

—Mamá, ¡Pedro está encima de la mesa!

—Ahora estoy delante de la mesa.

—Ahora estoy detrás de la mesa.

—Estamos cerca de la mesa.

—Pedro y María, ¡vamos al supermercado!

—Ahora estamos lejos de la mesa. Ahora estamos lejos de la mesa.

—Hola Elena. ¿Cómo estás?

—No estoy bien. Luis, y tú sabes por qué. Aquí está tu suéter. Y aquí están tus bolígrafos. Y si quieres tu calculadora, está debajo del carro.

—Hola Marta, ¿dónde estás?

—Estoy en casa. No estoy bien Luis y tú sabes por qué.

—Pero la película empieza a las seis. ¿Por qué no estás aquí?

—¿Por qué no vas con Elena?

GramaVisión 2.2

Negation with **nunca, tampoco, nadie,** and **nada**

—As you already know, to say *not* you use the word **no. Anita y Pedro son vegetarianos. No comen hamburguesas.**

—¿Una hamburguesa, señorita?

—No, gracias.

—No como hamburguesas.

—To say that someone *never* does something, use **nunca.**

—¿Nunca come hamburguesas?

—¡Nunca!

—¿Nunca?

—Notice that when **nunca** is at the end of the sentence, **no** is added before the verb.

—No como hamburguesas nunca.

—¿Una hamburguesa para usted?

—No, gracias.

—To say that someone doesn't do something *either,* use **tampoco.**

—Yo tampoco como hamburguesas.

—Notice that you add **no** before the verb when **tampoco** is placed after the verb.

—Ella no come hamburguesas tampoco.

—To say *nobody* use **nadie.**

—¡Nadie quiere hamburguesas!

—To say *nothing,* use **nada.**

—¡Aquí no hay nada para vegetarianos!

—¿No quieren salir conmigo? No entiendo. ¿Por qué no?

—No, Luis. Tú eres muy malo. Nunca voy a salir contigo.

—Y yo no voy a salir contigo tampoco.

—No soy malo. Esto no es nada.

—¿Nada? ¿Nada?

—Nadie me trata así. Nadie.

GramaVisión 2.3

Tocar and **Parecer**

—To say whose turn it is to do something, use the verb **tocar.** Use **tocar** with the same pronouns you use with **gustar.** Then add an infinitive.

—María, te toca sacar la basura hoy.

—¿Me toca a mi?

—Sí, hija.

—Jaime y Diego, ahora les toca arreglar la sala.

—Sí, mamá.

—Pero mamá, me toca a mí arreglar la sala hoy.

—¡No, Tomás! Nos toca a nosotros arreglar la sala.

—Si, hijo. A ellos les toca arreglar la sala hoy. A ti te toca lavar los platos.

—Está bien.

—**Parecer** is also used with the same pronouns as **gustar.** It means *to seem.* You can use it to give an opinion.

—¿Qué le parece este carro?

—¡Me parece horrible!

—¿Y qué le parecen estos carros?

—¡Me parecen horribles también!

—Después de lavar el carro de mi papá, Luis, te toca cortar el césped. ¿Qué más le toca Elena?

—Hmmm ... le toca limpiar el garaje.

—¿Y a nosotras?

—A nosotras nos toca ir al cine. ¿Qué te parece?

—Me parece fenomenal. Y después, Luis, te toca sacar la basura.

—Todos sus quehaceres. Me parece injusto.

¿Quién será? Episodio 5

—Hoy es sábado. Los sábados mi familia y yo hacemos el quehacer. Vivimos en una casa. Como pueden ver, es grande, y hay muchos quehaceres.

—Sofía, ¡tienes que pasar la aspiradora en tu habitación y en la sala también! ¡Ya sabes que a ti te toca!

—¿Ves esta señora de pelo negro y los ojos de color café? Ella es mi madre. Mi madre es muy trabajadora y le gusta tener la casa muy, pero muy limpia.

—¡Debajo del sofá, también, Sofía!

—A mí siempre me toca pasar la aspiradora por la sala... ¡Me parece injusto!

—Hija, creo que te toca a ti lavar los platos hoy, ¿no es así?

—¿Ves a ese señor algo canoso con lentes y la sonrisa graciosa? Es mi padre. No le gusta lavar los platos y por eso dice que me toca a mí.

—Oy... ¡Hay un montón de platos! ¡Qué lata!

—Gracias.

—¡Sofía! ¡Sofía! ¡Cara de tortilla! ¡Tienes que sacar la basura hoy!

—Ese niño travieso es Quique mi hermano. A Quique nunca le toca hacer los quehaceres de la casa. ¡Me parece injusto!

—¡Oy! ¡Hay un montón de basura! ¡Qué lata! ¡Nunca puedo descansar!

—Hoy es sábado. Quiero salir de casa antes de que...

—¡Nicolás! Tienes que cortar el césped hoy. Vienen tus tíos y primos.

—¡El césped! ¡Ay, no!

—Sí, abuela, como no.

—Pero antes de cortar el césped, por favor, ¿puedes arreglar tu cuarto?

—Mi abuela es muy exigente. ¡Quiere todo perfecto!

—Sí, abuela, como no.

—Bueno.

—Un sábado bonito ¡arruinado! Y ¿para qué? ¡Para hacer labores! Me parece injusto.

—¡Buenas tardes, Nicolás! Tú y yo vamos a limpiar el garaje.

—¿El garaje? ¿Hoy?

—¡Sí! No hay gran cosa. Nos va a tomar una hora, ¡máximo!

—Mi papá es mecánico. ¡Está loco por los carros! Le gusta tener el garaje muy organizado.

—Está bien, papá.

—¡Oye, Nicolás! Voy a lavar el carro de papá. ¿Quieres ayudarme?

—¡No, no, no, no, no! ¡Siempre hay quehaceres que hacer! ¡No terminan nunca!

—¿Aló? Sí, sí.. Uh huh... Bueno... México... Bueno...

Variedades

Bonito, todo me parece bonito.

Bonita mañana, bonito lugar, bonita la cama,

qué bien se ve el mar.

Bonito es el día y acaba de empezar,

bonita la vida. Respira, respira, respira.

El teléfono suena, mi pana se queja.

La cosa va mal, la vida le pesa.

Que vivir así ya no le interesa.

Que seguir así no vale la pena.

Se perdió el amor, se acabó la fiesta.

Ya no anda el motor que empuja la tierra.

La vida es un chiste con triste final.

El futuro no existe, pero yo le digo:

Bonito, todo me parece bonito.

Bonito, todo me parece bonito.

Bonita la paz, bonita la vida,

bonito volver a nacer cada día.

Bonita la verdad cuando no suena a mentira,

bonita la amistad, bonita la risa,

bonita la gente cuando hay calidad,

bonita la gente cuando que no se arrepiente,

que gana y que pierde, que habla y no miente.

Bonita la gente, por eso yo digo:

Bonito, todo me parece bonito.

Bonito, todo me parece bonito.

Qué bonito que te va cuando te va bonito,

qué bonito que te va.

Bonito, todo me parece bonito.

La mar, la mañana, la casa, la samba,

la tierra, la paz y la vida que pasa.

Bonito, todo me parece bonito.

Tu cama, tu salsa, la mancha en la espalda,

tu cara, tus ganas el fin de semana.

Bonita la gente que viene y que va,

bonita la gente que no se detiene,

bonita la gente que no tiene edad,

que escucha, que entiende, que tiene y que da.

Bonito Portel, bonito Peret,

bonita la rumba, bonito José,

bonita la brisa que no tiene prisa,

bonito este día. Respira, respira.

Bonita la gente cuando es de verdad,

bonita la gente que es diferente,

que tiembla, que siente, que vive el presente.

Bonita la gente que estuvo y no está.

Bonito, todo me parece bonito.

Qué bonito que te va cuando te va bonito,

qué bonito que te va.

Qué bonito que se está cuando se está bonito,

qué bonito que se está.

Qué bonito que te va cuando te va bonito,

qué bonito que te va.

Qué bonito que se está cuando se está bonito,

qué bonito que se está.

E-é, o-ó, e-é, o-ó...

Chapter 6
GeoVisión

¡Bienvenidos a México! El país comparte la frontera norte con Estados Unidos y la frontera sur con América Central. Al este está el Golfo de México y al oeste está el Océano Pacífico. La capital es la Ciudad de México, que tiene más de 20 millones de habitantes.

Hola, soy Sofía y soy de la Ciudad de México. Este lugar es el Zócalo y está en el centro de la ciudad, pero también es el corazón del país. Hay muchas ciudades en México, y todas tienen su propio carácter. México es un país muy grande y muy diverso. ¡Vamos a ver!

La capital del país es la Ciudad de México. También se llama nada más el D F, que quiere decir Distrito Federal, una de las ciudades más grandes del mundo. Muy cerca del Distrito Federal, hay muchas ciudades interesantes, por ejemplo, Taxco, una ciudad de la época colonial. La Iglesia de Santa Prisca es un buen ejemplo de la arquitectura de esa época. En Taxco, hay tiendas y mercados donde puedes comprar platería. Otra ciudad que está cerca de la capital es Puebla. Puebla es famosa por muchas cosas. Una de ellas es el talavera. Es una forma de cerámica. En Puebla, hacen platos, tazas y azulejos de talavera.

Esta es la Casa del Alfeñique. Es un museo que tiene pinturas y muebles de los siglos dieciocho y diecinueve. Bastante cerca está el Museo de Santa Rosa, un exconvento. Se dice que el famoso plato de mole poblano viene de la cocina de este convento.

Desde Puebla hay una vista impresionante de los volcanes Popocatépetl y Ixtaccíhuatl.

Muy cerca de Puebla en Cholula está la pirámide más ancha del mundo, la pirámide de Tipanipa. Desde la llegada de los españoles, está la iglesia de Nuestra Señora de los Remedios encima de la pirámide.

Guadalajara está al oeste de la Ciudad de México. La Plaza Tapatía está en el centro de esta ciudad. Los famosos mariachis y el ballet folklórico son de esta ciudad.

Al este del país en el Golfo de México está el puerto de Veracruz. Veracruz se conoce como la puebla heroica porque aquí hubo muchas batallas importantes en la historia de México.

Oaxaca está al lado pacífico del país. La gente que vive aquí hace muchas artesanías, como la cerámica de barro negro, alfombras hechas a mano y alebrijes, figuras fantásticas de madera.

En el estado grande de Chihuahua, al norte del país, está Ciudad Juárez, cerca de El Paso, Tejas. La ciudad lleva el nombre del famoso presidente, Benito Juárez. La ciudad sirve más común puerto de entrada a Estados Unidos. Pero también tiene sus propias atracciones como la Plaza de Armas y la misión de Nuestra Señora de Guadalupe.

Y no puedes olvidar que por todo México, hay ruinas de civilizaciones antiguas. En la península de Yucatán hay muchas ruinas mayas, como las de Uxmal y Chichén Itzá.

Y muy cerca del Distrito Federal están las misteriosas pirámides de Teotihuacán. Estas pirámides, la Pirámide del Sol y la Pirámide de la luna, fueron construidas hace casi dos mil años.

Como puedes ver, México es un país grande y bonito. Tienes que visitar pronto para poder viajar a todos estos lugares. ¡Hasta luego!

ExpresaVisión 1

—Hola papá, ¿Cómo estás?

—Hola.

—Oye, tengo hambre. ¿Qué tal está la sopa?

—Está un poco salada. Y está caliente.

—Oye, ¿dónde está el jugo de tomate?

—¿Por qué no tomas un refresco?

—Buena idea. Y ¿qué tal si preparas un sándwich de jamón?

—¿Qué tal si preparas una ensalada?

—Bueno. Aquí nunca hay nada. Solamente un cuchillo y una cuchara.

—¿Qué dices? Aquí hay de todo: un tenedor, una servilleta y un vaso.

—Gracias, papá.

(126)

GramaVisión 1.1

Ser and estar

—**Ser** and **estar** both mean *to be*. Use **estar** to say where something or someone is,

—Marta está en el restaurante.

—to ask how someone is doing.

—Hola, Marta. ¿Cómo estás?

—Estoy muy bien, gracias.

—Use **ser** to identify people and things,

—Él es Pedro.

—to say where they are from,

—Soy de Guadalajara.

—to say what someone or something is like,

—Él es muy inteligente.

—to tell the day, the date,

—Hoy es viernes. Es el 5 de diciembre.

—and the time.

—Y son las tres de la tarde.

—Also use **ser** to say what foods and drinks are normally like.

—El helado siempre es frío.

—Brrrrr...

—Use **estar** to describe how something looks, feels, or tastes at a given moment.

—¡Este helado está riquísimo!

—¡Los jalapeños estan picantes!

GramaVisión 1.2

Pedir and servir

—Vamos a pedir comida.

—The **e** in **pedir** changes to **i** in the present tense in all the forms except **nosotros** and **vosotros**.

—Yo siempre pido sopa.

—Tú siempre pides pizza.

—Ella siempre pide una hamburguesa.

—Nosotros siempre pedimos leche.

—¿Vosotros siempre pedís leche?

—Yo no. Ellos piden leche.

—The present tense of **servir** is like the verb **pedir.**

—Yo sirvo la leche.

—Just as with **pedir** the **e** in servir changes to **i** except in the **nosotros** and **vosotros** forms.

GramaVisión 1.3

More stem-changing verbs

—**Preferir** is a stem-changing verb. The second **e** changes to **ie** in all forms except in the **nosotros** and **vosotros** forms.

—¿Prefieres cocinar o limpiar?

—**Preferir** followed by an infinitive means *would rather do something* or *prefer to do something.*

—Prefiero cocinar.

—¿Prefieres jamón o queso?

—**Preferir** followed by a noun means to *prefer something.*

—Prefiero queso.

—¿Quieres probar el queso?

—**Probar** means *to try something,* as in *to taste.* It is a stem-changing verb as well. The **o** changes to **ue** except in the **nosotros** and **vosotros** forms.

—Another verb with the same stem change as **probar** is **poder. Poder** is often used to ask someone if they can do something, for instance, a favor.

—¿Me puedes hacer un sándwich de queso?

—No, no puedo. Tengo que volver a casa.

Comparaciones

Angélica, Mexico

[Diana] Hola Angélica, ¿cómo estás?

[Angélica] Hola, ¿qué tal? Muy bien, gracias.

[Diana] Vamos a hablar sobre la comida típica de México. Dime, ¿cuáles son dos o tres platos típicos de México?

[Angélica] Bueno, está el mole, el pozole, y los chiles en nogada.

[Diana] ¿Cuál es tu plato favorito?

[Angélica] Los chiles en nogada.

[Diana] Dime cómo es.

[Angélica] Son muy ricos porque además de ser picantes, también son dulces.

[Diana] ¿Qué contiene?

[Angélica] Bueno, tiene el chile poblano, la carne molida, pasitas, acitrón, crema, nueces, y un poquito de granada.

[Diana] ¿Es un plato típico de la región donde vives?

[Angélica] Claro, en el Distrito Federal, se consume mucho.

[Diana] Muchas gracias, Angélica.

[Angélica] ¿De qué? Al contrario, hasta luego.

[Diana] Hasta luego.

Paula, Dominican Republic

[Diana] Hola Paula, ¿cómo estás?

[Paula] Muy bien, gracias a Dios, ¿y tú?

[Diana] Bien, gracias. Vamos a hablar sobre la comida típica de República Dominicana. Dime, ¿cuáles son unos platos típicos en República Dominicana?

[Paula] El plato más típico de la República Dominicana es el arroz con habichuela y carne que puede ser de res o pollo.

[Diana] ¿Cuál es tu plato favorito?

[Paula] El moro de gandules con pescado.

[Diana] ¿Me puedes decir cómo es?

[Paula] El moro de gandules es una mezcla de gandules con arroz y un poco de salsa para el color. Y el pescado puedes, se hace con el limón y sal, y ajo.

[Diana] ¿Es un plato típico de tu región?

[Paula] Sí, es muy típico.

[Diana] Muchas gracias, Paula.

[Paula] Gracias a ti.

Sofía, Costa Rica

[Diana] Hola Sofí ¿cómo estás?

[Sofía] Bien, ¿y Ud.?

[Diana] Muy bien gracias. Vamos a hablar sobre la comida típica de Costa Rica. Dime, ¿cuáles son dos platos típicos de Costa Rica?

[Sofía] Dos platos típicos de Costa Rica son la olla de carne y el gallo pinto.

[Diana] ¿Cuál es tu plato favorito?

[Sofía] Mi plato favorito es el gallo pinto.

[Diana] Dime, ¿cómo es y qué contiene?

[Sofía] El gallo pinto es rico, es salado y contiene arroz, frijoles, especies como cebolla, chile y cilantro.

[Diana] ¿Es un plato típico de la región donde vives?

[Sofía] Sí el gallo pinto es un plato típico de Costa Rica.

[Diana] Muy bien, muchas gracias Sofía.

[Sofía] Gracias.

ExpresaVisión 2

—¡Sofía! Sofía te toca preparar el desayuno hoy.

—Sí, ya lo sé, pero tú tienes que ayudarme. Saca el tocino del refrigerador. No una zanahoria. Saca el tocino. Muy bien. Ahora saca los huevos. Oye, ¿qué haces? No quiero maíz. Tenemos que preparar el desayuno, no el almuerzo. Saca los huevos... muy bien. Ahora pon la mesa.

—Ay, ¡qué lata!

—¿Qué es todo esto? Vamos a desayunar, no hacer una fiesta.

—A mí me gusta el pastel y los refrescos.

—Mejor ve por la leche y ponla en la mesa. Trae el jugo de naranja y ponlo en la mesa.

—¿Brócoli? ¿Pescado?

—Está el jugo de naranja y la leche.

—Ay, qué hermano el mío.

GramaVisión 2.1

Direct objects and direct object pronouns

—**Andrés** is the subject, **corta** is the verb, and **el césped** is the direct object that receives the action of the verb. When a direct object is a noun, it follows the verb. But a pronoun can replace the direct object noun. When it does, the pronoun goes before the conjugated verb. The direct object pronoun agrees in gender and number with the noun it stands for.

(128)

—Sonia trae el pastel.

—Use the pronoun **lo** to stand for a masculine singular noun.

—Sonia lo trae.

—Use the pronoun **la** to stand for a feminine singular noun.

—Sonia trae la leche.

—Sonia la trae.

—Use the pronoun **los** to stand for a masculine plural noun.

—Sonia trae los huevos.

—Sonia los trae.

—Use the pronoun **las** to stand for a feminine plural noun

—Sonia trae las frutas.

—Sonia las trae.

—When an infinitive has a direct object,

—¿Quién va a limpiar el piso?

—the direct object pronoun is either attached to the infinitive,

—¿Quién va a limpiarlo?

—or goes before the conjugated verb.

—¿Quién lo va a limpiar?

—Yo.

GramaVisión 2.2

Affirmative informal commands

—If you call someone **tú,**

—tu turutu tututu turu tu tutu

—Oye, tú, ¿trabajas aquí?

—you can use an affirmative informal command to tell the person what to do.

—To do that, just take the **tú** form and drop the final **s.**

—Entonces, ¡trabaja!

—Abre el refrigerador.

—Saca los tomates.

—Corta los tomates.

—Mezcla la ensalada.

—**Calentar** has a stem change.

—Calienta el agua.

—Here are verbs with irregular command forms.

—Ven.

—Ten.

—Haz la sopa.

—Pon más papas.

—Sé trabajador.

—Ve al comedor.

—¡Sal de la cocina!

—¡Ay, que niños!

GramaVisión 2.3

Affirmative informal commands with pronouns

—¿Dónde pongo el zapato?

—Pon el zapato en el horno.

—When an affirmative command has a direct object, you can replace it with a pronoun. You attach the pronoun to the end of the verb

—Ponlo en el horno.

—¿Qué hago ahora?

—Prueba el zapato.

—when replacing the direct object noun with a pronoun.

—Pruébalo.

—¡Muy salado!

¿Quién será? Episodio 6

—Sofía, ¡es tarde! Mamá y papá están por llegar.

—Sí, ya lo sé, Quique.

—¿Y la cena?

—No te preocupes, Quique. No es tu problema. Yo la voy a preparar.

—¿En qué puedo ayudar? ¿Pongo la mesa?

—Sí, ponla.

—¿Y el menú?

—Ponlo en el comedor.

—Bueno... Sí, disculpe... ¿A qué hora cierran?

—Señor y señora Corona. Bienvenidos al Restaurante Sofía.

—Muy buenas tardes, señorita.

—Veo aquí que tienen una reservación para dos personas.

—Sí, señorita.

—También veo aquí que es ¡una ocasión especial! Tengo la mesa perfecta para la celebración de su aniversario. Por aquí, por favor.

—Muchas gracias señorita.

—Señorita, ¿nos puede traer los menús, por favor?

—Claro que sí.

—Aquí están los menús, señor, señora.

—Señor, por favor. Necesito hablar con la cocinera. Tengo algunas preguntas sobre el menú.

—Sí, señor, cómo no. ¡SOFÍA!

—Sí. Dígame.

—Eh, señorita, ¿qué tal están los tamales oaxaqueños hoy?

—Riquísimas, señor, pero, malas noticias, no quedan tamales hoy.

—Ay, qué lástima, ¿no, Marta? Me encantan los tamales oaxaqueños con frijoles y un poco de salsa picante.

—Sí, es verdad, Óscar, pero a mí me apetece pollo mole con arroz y tortillas de maíz azul. ¿Qué tal está el pollo con mole hoy, señorita?

—No lo recomiendo. Está un poco salado.

—Y ¿el bistec, señorita? Aquí dice que viene con puré de papa y zanahoria.

—Buen elección. El bistec es delicioso, pero hoy es viernes y los viernes no sirvo bistec.

—Ah, pues, dígame, señorita, ¿cuál es la especialidad de la casa?

—Un momentito... Hola... gracias... un momentito, por favor... La especialidad de la casa son las flautas. Y si no le importa, señor, aquí tiene la cuenta. ¿Me la puede pagar ahorita? Gracias.

—Ahora vas a Argentina, Marcos.

Variedades

—Devoto, de tarde, descuenta de todo.

—¿Sabe? En todo el supermercado, en todas sus secciones, tenemos un siete por ciento de descuento.

—Devoto, de tarde, descuenta de todo.

—De dos a cinco, todos los días, incluso sábados y domingos, un siete por ciento menos que los demás.

—Devoto, de tarde, descuenta de todo.

—Al pasar por caja, nos descuentan un siete por ciento en todos los productos. Y además, podemos pagar con tarjeta.

—Devoto, de tarde, descuenta de todo. Devoto, de tarde, descuenta de todo.

—Devoto está a su servicio siempre.

—Dicen que pan Bimbo Kids es ideal para los niños y para las niñas.

—Matanga dijo la changa.

—Y para los hermanos abusadores.

—Gracias, hermanito.

—Y para las hermanas que te abusaron... ¡Gracias, mamá!

—Bimbo Kids es especial para ti.

Chapter 7
GeoVisión

¡Bienvenidos a Argentina! Mi país esta en el cono sur de latinoamérica. Hola, me llamo Rolando y soy de Buenos Aires, la capital de Argentina.

Ahora, estamos en la Plaza de Mayo y está la Casa Rosada. Vengan, ¡los invito a pasear por mi país! Si les gusta la opera y la música clásica, tienen que visitar el Teatro Colón. La Plaza de Mayo es la plaza mayor de la ciudad y centro histórico del país. Como la Casa Blanca en Washington DC, la Casa Rosada es nuestro palacio presidencial. El Cabildo, con su blanco estilo colonial, es un símbolo de la independencia Argentina. El Obelisco de Buenos Aires señala el lugar donde la bandera Argentina se alzó por primera vez. En el barrio de la Boca todas las casas están pintadas de colores vivos.

El tango es una danza de pareja típica de Buenos Aires.

La pampa está en el corazón de Argentina. La tierra aquí es muy fértil, buena para el cultivo y el criado de animales. Esta es la tierra de los gauchos y sus tradiciones, como los asados, un plato típico hecho de carne a la parrilla, y el maté, una especie de té que se bebe con una bombilla.

Las hermosas Cataratas del Iguazú son un espectáculo de la naturaleza. Al oeste del país está la cordillera de los Andes.

La Quebrada de Humahauaca ofrece una serie de atractivos naturales, culturales e históricos. Como por ejemplo, sus cerros multicolores y sus antiguos poblados indígenas. La montaña más alta del continente americano es el Cerro Aconcagua en la provincia de Mendoza.

La región de la Patagonia está al sur del país y tiene muchos lagos y bosques bonitos.

El lago Nahuel Huapi es un paraíso para aquellos que disfrutan del turismo aventura y los deportes náuticos.

Cada año, el Glaciar Perito Moreno atrae a miles de turistas de todo el mundo.

Bueno, espero que hayan disfrutado de este paseo por Argentina. ¡Visítanos pronto, les esperamos! ¡Chao! Hasta luego.

ExpresaVisión 1

—¿Estás listo?

—Ay no. Acabo de llegar. Tengo que lavarme la cara. Necesito jabón... Ahora, necesito una toalla.

—¿Qué te falta hacer?

—Tengo que lavarme los dientes, pero no encuentro mi cepillo de dientes y pasta de dientes.

—¡Péinate!

—¿Un peine?

—No, no , no, no, no. Ángela, ¡péinalo!

—¡Maquillaje!

—¡Bien! Vamos.

—Rolando, ¿listo ?

—Listo.

GramaVisión 1.1

Verbs with reflexive pronouns

—For some actions the subject and object are the same. To express these actions, you need to use reflexive pronouns with a verb. A reflexive pronoun is placed right before a conjugated verb.

—Por la mañana, me lavo la cara... y me afeito.

—When a reflexive pronoun goes with an infinitive, the pronoun is either placed before the conjugated verb...

—Me tengo que peinar.

—...or attached to the end of the infinitive.

—¿Qué?

—Tengo que peinarme.

—Verbs that are used with reflexive pronouns can also be used with direct objects that are different from the subject.

—Me peino y después peino a mi hermano.

—¡Mi hermana Pilar pasa mucho tiempo en el baño! Ella se estira... y se entrena... y se lava... y se peina... y se maquilla... ¡Date prisa, Pilar!

—Sí, sí, un momentito...

GramaVisión 1.2

Using infinitives

—When a conjugated verb is followed by an infinitive, the reflexive pronoun can be attached to the end of the infinitive.

—No quiero afeitarme.

—You can also put the reflexive pronoun before the conjugated verb.

—Yo tampoco, no me quiero afeitar.

—To say that someone has just done something, use **acabar de** followed by an infinitive.

—Por qué estás triste?

—Porque acabo de afeitarme.

—Prepositions like **para, antes de,** or **después de** are followed by the infinitive of the verb.

—¿Cuándo te vas a afeitar? ¿Antes de cenar?

—No... después de cenar.

—Bueno... pero ¡tienes que afeitarte antes de acostarte! ¡Tiene que afeitarse para ir a la fiesta de aniversario de los abuelos!

GramaVisión 1.3

Review of stem-changing verbs

—Spanish has three types of stem changing verbs, **e** to **ie, o** to **ue,** and **e** to **i.** An example of the first type of stem-changing verb is **querer.**

—The second type of stem change is **o** to **ue,** as in the verb **poder.** Another verb with this stem change is **acostarse.**

—Me acuesto a las diez.

—The third type of stem change is from **e** to **i,** as in **vestirse.**

—Siempre me visto ropa muy elegante.

Comparaciones

Miguel, Argentina

[Diana] ¿Qué tal Miguel? ¿Cómo estás?

[Miguel] Muy bien, aquí estoy, tranquilo.

[Diana] Que bien. Vamos a hablar sobre la salud.

[Miguel] Muy bien, salud.

[Diana] ¿Crees qué estás en forma ahora?

[Miguel] Eh, sí creo que estoy en forma, me mantengo, trato siempre de salir a correr, cosas por el estilo, cosas de mantenerme siempre en forma.

[Diana] ¿Cómo te mantienes en forma?

[Miguel] ¿Qué hago para mantenerme en forma? Eh, pratico gimnasia acrobática desde hace nueve años. Este, salgo a correr, distintos tipos de deportes, me gusta un poquitito de todo, muy variado.

[Diana] Para ti, ¿qué es lo difícil de mantenerte en forma?

[Miguel] Lo difícil de mantenerse en forma,

yo creo que es mantener una constancia en un entrenamiento, fijarse objetivos y a partir de ahí, bueno, a ver qué pasa

[Diana] ¿Qué haces para relajarte?

[Miguel] ¿Para relajarme? Eh, me gusta leer. Me gusta escuchar música, especialmente leer porque como quien dice, este, en un cuerpo sano, mente sana.

[Diana] Muy bien, muchas gracias Miguel.

[Miguel] No, por nada, gracias.

Ivonne, Costa Rica

[Diana] Vamos a hablar sobre la salud. ¿Crees que estás en forma en este momento?

[Ivonne] Sí, sí creo que estoy en forma.

[Diana] ¿Cómo te mantienes en forma?

[Ivonne] Yo para mantenerme en forma, camino, corro o voy al gimnasio.

[Diana] Para ti, ¿qué es lo difícil de mantenerte en forma?

[Ivonne] Para mi, lo difícil de mantenerme es poder evitar comer chocolates, picaditas o helados.

[Diana] ¿Qué haces para relajarte?

[Ivonne] Yo para relajarme hago muchas cosas, leo poemas, hablo con mis amigos, salgo a pasear.

[Diana] Muy bien, muchas gracias.

[Ivonne] Gracias.

Anais, Peru

[Diana] Hola Anais ¿cómo estás?

[Anais] Hola, ¿cómo estás?

[Diana] Muy bien gracias. Vamos a hablar sobre la salud.

[Anais] Está bien.

[Diana] ¿Crees que estás en forma en este momento?

[Anais] Bueno, creo que estar en forma es un proceso, en el cual yo estoy en medio de este proceso.

[Diana] ¿Cómo te mantienes en forma?

[Anais] Primeramente, hago mucho ejercicio en el gimnasio y además pratico natación.

(132)

[Diana] Para ti, ¿qué es lo difícil de mantenerte en forma?

[Anais] Lo más difícil, creo que es la alimentación porque me gusta mucho comer y tengo que hacer dieta diariamente.

[Diana] ¿Qué haces para relajarte?

[Anais] Para relajarme, hago meditación y yoga.

[Diana] Muy bien Anais. Muchas gracias.

[Anais] Gracias a ti.

[Diana] Hasta luego.

ExpresaVisión 2

—Acción.

—Hola. ¿Cómo estás? ¿Estás cansado? ¿Estás nervioso? ¿Te duele algo? ¿Te duele la cabeza? ¿Te duele el estómago? ¿Te duelen las manos? ¿Te duelen los dedos? ¿Te duele la garganta? Entonces, toma Curatelotodo, la medicina para cualquiera problema. Esta medicina te va a hacer feliz. Y además, es deliciosa.

—¡Corte!

—¡Otra vez!

—¡No!

GramaVisión 2.1

Estar, sentirse and **tener**

—To talk about a mental or physical state, you can use the verb **estar** followed by **bien, mal,** or an adjective.

—Estoy muy cansada.

—You can also use the verb **sentirse** followed by **bien, mal,** or an adjective.

—Me siento mal.

—To conjugate **sentirse,** you use regular **-ir** verb endings.

—**Sentirse** has the stem change **e** to **ie** in all but the **nosotros** and **vosotros** forms.

—¿No te sientes bien, Diego? ¿Y tú, Elena? ¿Como te sientes tú?

—Me siento muy cansada.

—Another way to express feelings and emotions is with the verb **tener** followed by certain nouns.

—¡Tengo frío!

—¡Tengo calor!

—¡Ahora, tenemos sueño!

—¡Ay, hijos! ¡Estan enfermos!

GramaVisión 2.2

Informal negative commands

—Remember that to tell someone to do something, you use affirmative commands.

—¡Ven aquí!

—¡Corre!

—¡Haz ejercicios!

—To tell someone not to do something, use a negative command. To form informal negative commands for most **-ar** verbs, take the **yo** form of the present tense, drop the **-o** ending, and add **-es.**

—For most **-er** and **-ir** verbs, take the **yo** form of the present tense, drop the ending **-o,** and add **-as.**

—¡No cantes!

—¡No comas!

—¡Y tú! ¡No duermas!

GramaVisión 2.3

Object and reflexive pronouns with informal commands

—Reflexive pronouns follow the same placement rules as direct object pronouns.

—¡Pati! ¡No seas perezosa! ¡Levántate!

—For affirmative commands, attach the reflexive pronoun to the end of the verb. An accent mark goes over the stressed vowel when it is more than two syllables from the end of the word.

—¡No soy perezosa! ¡Tú sécate y seca las toallas!

—¡¿Las toallas!?

—No seas tonto. Recógelas y ponlas al sol.

—A direct object pronoun is also attached to the end of the verb in affirmative commands. No accent mark goes over the stressed vowel when it is two syllables from the end of the word.

—¡En el agua NO! ¡No las pongas en la piscina!

—For negative commands, put the direct object pronoun between **no** and the verb.

—"Ponlas," "no las pongas," ¿qué quieres?

—Andrés. Ponte los zapatos. No te pongas las toallas.

—The reflexive pronoun also goes between **no** and the verb in negative commands.

¿Quién será? Episodio 7

—¿Nicolás? ¿Hijo? ¿Nicolás, estás listo?... Hijo, ya sabes que ahora es el cumpleaños de tu abuela y tenemos que ir a almorzar con ella... ¡Nicolás, por favor! ¡Levántate, hijo! Tienes que bañarte. Aquí está el jabón.

—Báñate con SuperSuave, el jabón que te hace sentir ¡súper suave!

—¡Nicolás, por favor! ¡También tienes que lavarte el pelo! Aquí está el champú.

—Lávate el pelo con el champú Estrella y ¡brilla como una estrella!

—Nicolás, ¿no me oyes? Abre esta puerta, ¡ahora mismo! Sé que necesitas pasta de dientes, aquí está.

—Lávate los dientes con la pasta de dientes Sonrisa y ¡saluda al día con una gran Sonrisa!

—Nicolás

—Gracias, mamá.

—Apúrate, ¿eh?

—Nicolás, ¡levántate, báñate, lávate el pelo y los dientes, y ¡alístate!

—Feliz cumpleaños.

—Gracias.

—¡Hola! ¡Feliz cumpleaños!

—¡Qué lindo!

—Hola abuela.

—Nicolás, te veo cansado.

—Sí, abuela, estoy un poco cansado. Tengo frío y me duele la cabeza.

—Nicolás, tienes catarro. Tienes que cuidarte mejor.

—Sí, abuela.

—Anda, vete, acuéstate un rato. Te despertamos cuando esté listo el almuerzo.

—Gracias, abuela.

Variedades

Que falta me hacías,

no puedo olvidarlo,

me fui desangrando al verte marchar.

Estaba en pedazos, muriendo despacio,

y ahora tú vuelves jurando cambiar.

Así es la vida

cómo cambia un día la suerte.

Di mi vida por tenerte

y hoy tú quieres regresar.

Así es la vida,

unos ganan y otros pierden.

Yo perdí el mío al quererte

y hoy tú pierdes mucho más.

El tiempo despacio,

borró mi heridas,

y fui descubriendo mi propia verdad.

Un sueño en mis brazos,

mi fiel compañía, un amor sincero,

que tú no me das.

Así es la vida

cómo cambia un día la suerte.

Di mi vida por tenerte

y hoy tú quieres regresar.

Así es la vida,

unos ganan y otros pierden.

Yo perdí el mío al quererte

y hoy tú pierdes mucho más.

Así es la vida

cómo cambia un día la suerte.

Di mi vida por tenerte,

y hoy tú quieres regresar.

Así es la vida,

(134)

unos ganan y otros pierden.

Yo perdí el mío al quererte

y hoy tú pierdes mucho más.

Estaba perdida, buscando un amor,

que no apareció.

Con el yo consigo,

tocar el sentimiento que en ti me faltó.

Así es la vida

cómo cambia un día la suerte.

Di mi vida por tenerte

y hoy tú quieres regresar.

Así es la vida,

unos ganan y otros pierden.

Yo perdí el mío al quererte

y hoy tú pierdes mucho más.

Ay, así es la vida

y cómo cambia un día la suerte.

Y hoy tú quieres regresar. Ay....

Así es la vida, la vida, la vida, la vida...

y hoy tú quieres, tú quieres regresar

y cómo cambia un día la suerte.

La vida, ay, así es la vida, la vida, la vida....

Chapter 8
GeoVisión

En el sureste de Estados Unidos hay una península muy famosa. Es el estado de Florida. Es el cuarto estado más grande del país. Hoy en día, el estado es famoso por muchas razones: un clima soleado, playas, naranjas, entretenimiento, arquitectura, deportes acuáticos, geografía, animales salvajes y también por el sabor hispano que se encuentra por todas partes.

Hola. Soy Maite y vivo en Florida. Como acabamos de decir, Florida es famosa por muchas razones. Pero vamos a aprender un poco más sobre la conexión entre la Florida de hoy y la cultura hispana.

Los españoles llegaron a Florida en mil quinientos trece. El explorador Juan Ponce de León la reclamó en nombre de España. En mil quinientos treinta y nueve, Hernando de Soto llegó a la Bahía de Tampa para buscar oro y otras riquezas. En mil quinientos sesenta y cinco, Pedro Menéndez de Avilés estableció San Agustín al noreste de la península. Hoy en día es el pueblo más antiguo de Estados Unidos. Por muchos años Florida fue posesión de los españoles, luego de los británicos y finalmente de los norteamericanos. Por fin se hizo estado permanente de Estados Unidos en mil ochocientos sesenta y ocho.

Una vez estado, la cultura de Florida se hizo cada vez menos española y más norteamericana. Sin embargo, muchos eventos importantes empezaron a darle a Florida un sabor únicamente hispano.

La ciudad de Miami, en la costa atlántica, cambió para siempre en los años cincuenta y sesenta cuando más de trescientos mil cubanos llegaron allí a causa de la revolución en Cuba. Los cubanos hicieron de Miami una verdadera capital de América Latina. Hoy en día latinoamericanos de todo América Latina vienen a Miami, para trabajar, vivir y hacer turismo. Es increíble.

Al norte, al sur, al centro y al oeste, Florida tiene elementos hispanos con orígenes tanto en la historia antigua del estado como en la historia reciente.

Y así es Florida. A que no sabías todo esto. Ven a conocer el estado. Hay mucho que hacer y al mismo tiempo puedes aprender algo nuevo.

ExpresaVisión 1

¿Qué es esto? ¿Qué les parece esta falda? Cuesta mucho. ¡Es un robo! ¿Qué piensan de esta blusa? Esta camiseta es muy barata. ¿Me queda bien esta camiseta amarilla? ¡No! Me queda mal. Necesito una talla pequeña. ¿Les gustan estos zapatos? Cuestan doscientos dólares. ¡Qué caros! ¿Qué piensan de estos pantalones? ¿Este vestido? No está a la moda, ¿verdad? Bueno, aquí en Florida, hace calor casi todo el año. Por eso, siempre está de moda usar zapatos de tenis, un traje de baño y sandalias. Uy, ¡es tarde! ¡Tengo que irme! ¡Adiós¡

GramaVisión 1.1

Costar, the numbers one to one million

—To talk about how much something costs, use the verb **costar. Costar** is a stem-changing verb.

—¿Cuánto cuesta?

—¡Shhh!

—Empezamos con veintiún dólares. ¿Quién da más? ¡Cien dólares! ¡Ciento uno! Ciento un dólares. ¿Quién da más? ¡Ciento dos! ¡Doscientos! ¡Trescientos! ¡Cuatrocientos! ¡Quinientos! ¡Seiscientos! ¡Setecientos! ¡Ochocientos! ¡Novecientos! ¡Mil! ¡Dos mil! ¡Diez mil! ¡Cien mil dólares! ¡Un millón! ¿Quién da más? ¡Dos millones! ¿Quién da más? ¡Dos millones de dólares! ¡Felicidades!

—¿Dos millones de dólares? Dos millones de dólares... ¡Es mucho dinero! Con dos millones de dólares, puedo comprar...

—Notice that **uno** becomes **un** when followed by a noun.

—veintiún bolígrafos...y ciento un perros.

—The numbers two hundred to nine hundred and ninety nine agree in gender and number with the noun being counted.

—doscientos carros...trescientas diez bicicletas...y mil quinientos zapatos. ¡¡Dos millones de dólares!! ¡¡Boohoohoo!!

GramaVisión 1.2

Demonstrative adjectives and comparisons adjectives

—Quiero este sombrero, esta mochila, estos zapatos y estas sandalias. También quiero ese vestido, esa falda, esos pantalones y esas botas.

—These are demonstrative adjectives, used to point out things close to the person speaking or things further away, close to the person being spoken to. They agree in gender and number with the nouns they point out.

—Yo soy alto.

—Yo soy alta también.

—When you compare two people or two things using the same adjective, and both share the quality to the same degree, use this expression. The adjective agrees in gender and number with the person or thing mentioned first

—Yo soy tan alta como tú.

—When the two people or things do not share the quality to the same degree, use this expression...

—Soy más alto que tú.

—or this expression.

—Soy menos alta que tú.

—Some adjectives have irregular forms for making comparisons.

—Estos pantalones son tan buenos como esos pantalones.

—Estos pantalones son mejores que esos pantalones.

—Estos pantalones son malos. Esos pantalones son peores que estos pantalones.

GramaVisión 1.3

Quedar

—To say *how something fits* or *looks on someone,* use the verb **quedar** with the same pronouns you use with **gustar.** Use the form **queda** when talking about one thing.

—Este abrigo le queda grande.

—Use the form **quedan** when talking about more than one thing.

—Los zapatos le quedan bien.

—The pronoun before **quedar** stands for the person wearing the clothes. An adjective placed after **quedar** describes how something fits or looks. The adjective agrees in gender and number with the clothing.

—Este abrigo le queda pequeño. Estas sandalias le quedan pequeñas.

—You can also use the adverbs **bien** or **mal** with **quedar.**

—Estas sandalias le quedan mal.

—Me queda mal.¡Pero este sombrero me queda bien!

Comparaciones

Dayana, Miami Florida

[Diana] Hola Dayana, ¿cómo estás?

[Dayana] Bien, gracias.

[Diana] Vamos a hablar sobre las compras. ¿Qué te gusta comprar cuando vas de compras?

[Dayana] Cuando voy de compras, me gusta comprar CDs, zapatos, blusa, pantalones. Cosas así.

[Diana] ¿Adónde fuiste de compras la última vez?

[Dayana] La última vez que fui de compras fui a un centro comercial aquí en Miami.

[Diana] ¿Qué clase de tienda es?

[Dayana] El centro comercial es, hay varias tiendas. Hay tiendas de discos, tiendas de películas, tiendas de zapatos, de todo tipo de ropa, vestidos. Cosas así.

[Diana] ¿Qué compraste?

[Dayana] Cuando fui de compras, compré unos discos, una película, unos aretes. Compré unos zapatos, unos pantalones y un vestido.

[Diana] ¿Qué más hiciste ahí?

[Dayana] Después de terminé que las compras, fui a almorzar y después me compré un helado. Después me encontré con una de mis amistades y charlamos.

[Diana] Muy bien. Muchas gracias, Dayana.

[Dayana] Por nada.

Pedro, Madrid España

[Diana] Hola Pedro. ¿Cómo estás? Bien, vamos a hablar sobre las compras. ¿Qué te gusta comprar cuando vas de compras?

[Pedro] Me gusta comprar ropa y música.

[Diana] ¿Adónde fuiste la última vez que fuiste de compras?

[Pedro] Fui al Rastro.

[Diana] ¿Qué clase de tienda es?

[Pedro] Es un mercadillo que ponen en Madrid los domingos.

[Diana] ¿Qué compraste?

[Pedro] Me compré CDs de música.

[Diana] ¿Qué más hiciste allí?

[Pedro] Di una vuelta y vi otras tiendas.

[Diana] Muy bien, Pedro, muchas gracias.

[Pedro] Hasta luego.

[Diana] Hasta luego.

Miriam, Madrid, España

[Diana] Hola Miriam. Vamos a hablar sobre las compras.

[Miriam] Vale.

[Diana] ¿Qué te gusta comprar cuando vas de compras?

[Miriam] Pues, me gustar comprar pantalones ajustados, pantalones sanchos, camisetas de colores y deportivas.

[Diana] ¿Adónde fuiste la última vez que fuiste de compras?

[Miriam] A Tres Aguas, un centro comercial.

[Diana] ¿Qué clase de tienda es?

[Miriam] Pues, es de aire libre, muchas tiendas y mucho ocio.

[Diana] ¿Qué compraste?

[Miriam] Compré unos pantalones, una camiseta y unas deportivas.

[Diana] ¿Qué más hiciste allí?

[Miriam] Pues, después me fui con mis amigas al cine y a tomar una hamburguesa.

[Diana] Muy bien, muchas gracias.

[Miriam] Adiós.

ExpresaVisión 2

Hola amigos. Soy yo otra vez. Hoy fui a varias tiendas a comprar. Primero fui a la tienda de música. Compré audífonos nuevos, un DVD y varios discos compactos. Luego, fui a la librería. Compré una revista de tiras cómicas y una tarjeta de cumpleaños para mi hermano. Luego fui a la zapatería. Compré unos zapatos de tenis para mi hermano. Fui a la joyería también. ¡Pero los aretes, pulseras y anillos son muy caros! No compré nada porque quiero ahorrar mi dinero. ¡Es muy fácil gastar el dinero en las tiendas! ¡Es mucho más difícil ahorrarlo! Bueno. ¡Es hora de despedirme! ¡Adiós chicos!

GramaVisión 2.1

The preterite of -**ar** verbs

—When you want to talk about something that happened yesterday or at some other point in the past you have to use the preterite tense.

—Ayer caminé y miré las vitrinas. ¿Y tú?

—Form the preterite of regular -**ar** verbs by replacing the infinitive ending with these endings.

—The **nosotros** form in the preterite looks just like the present. Only context tells you whether someone is speaking about the present or the past.

—Ayer nadé.

—¿Bailaste también?

—No. No bailé ayer... Pero Elena bailó. Y después, Elena y yo descansamos.

—¿Y... estudiasteis?

—¿Qué? ¡No! Nunca estudiamos el domingo.

—Stem-changing verbs like **encontrar** don't change stems in the preterite.

—Ayer encontré a Paco.

—¿¿¿Mmmm... Quién es Paco????

GramaVisión 2.2

The preterite of **ir**

—Yo fui a la playa.

—To say where someone went, use the verb **ir** in the preterite. Its forms are irregular.

—Yo fui a la playa. Tú fuiste al gimnasio, ¿verdad?

—Sí. Y ella fue a la biblioteca.

—Sí.

—Dice que ellos fueron al partido de fútbol.

—¿Qué dice?

—Dice que ellos fueron al partido de fútbol.

—To say why you went somewhere, use **a** plus an infinitive.

—Sí. Fuimos al partido a ver a nuestro equipo jugar.

—Y yo fui a la biblioteca a sacar libros.

—To ask where someone went, use the word **adónde.**

—¿Adónde fuiste?

—Fui a la librería.

GramaVisión 2.3

The preterite of -**ar** verbs with reflexive pronouns and the verb **ir**

—Remember that to talk about things that happened at a certain point in the past you use the preterite.

—Ayer fui al cine. Compré zapatos en la zapatería, tomé una limonada en el café y regresé a casa. Mi hermano y yo descansamos antes de cenar.

—Reflexive pronouns always go right before the conjugated verb, whether in the present or in the preterite.

—Después de cenar me bañé y me lavé los dientes. Finalmente toda la familia se acostó.

¿Quién será? Episodio 8

—Bueno.

—Hola. ¿Está Sofía?

—¿De parte de quién?

—Habla Celeste, señora Corona. ¿Cómo está usted?

—Muy bien, Celeste. Ahora te la paso. Sofía, ¡teléfono! Es Celeste.

—Gracias, mamá.

—Hola, Celeste.

—Hola, Sofía. Necesito comprar una falda y blusa y unos zapatos para la fiesta del sábado. ¿Quieres ir al centro comercial conmigo?

—No sé.

—¡Andale!

—Bueno, está bien.

—¡Qué padre! ¿A qué hora se abre Kulte?

—Creo que a las diez.

—Perfecto. ¿Por qué no nos encontramos en Kulte a las diez y media?

—Bueno. A las diez y media. Está bien.

—Bueno, nos vemos ... Oye, ¿ya sabes lo que te vas a poner tú para la fiesta?

—No. Pero estoy segura que puedo encontrar algo en el clóset.

—¡Ay, no! ¡Necesitas algo nuevo! Mejor, trae la tarjeta de crédito de tu mamá, por si acaso vemos un vestido perfecto.

—Sí, sí. Adiós, Celeste.

—¡Adiós!

—Fui con Celeste a Kulte, una tienda de ropa.

—¿Qué te parece esta falda azul? ¿Me queda bien?

—No. No te queda nada bien. Te debes probar otra.

—Ah, qué bueno que estás de acuerdo. Es muy bonita. Y me gusta muchísimo.

—No me hizo caso. Compró una falda horrible. Luego, se probó una blusa morada.

—¿Te gusta esta blusa morada? ¿Me queda bien?

—No, no te queda bien. ¡Además, está pasada de moda! Y debes probar otra talla.

—¡Me queda perfecta! Y además está de última moda, ¿no crees?

—Traté de convencerla. Pero nada. Gastó su dinero en una blusa fea. ¿Qué puedo hacer? Luego fuimos a la sección de zapatos.

—¿Qué piensas de estos zapatos? ¿Van bien con la blusa y la falda?

—¡Sabes que? ¡Estás más loca que un zapato!

—¡Perfecto! Me voy a llevar estos zapatos. Ahora, sí estoy lista para la fiesta del sábado. ¡Y voy a estar de última moda con mi nueva falda, blusa y zapatos!

—Así es mi amiga Celeste—muy... muy independiente. No sé por qué fui con ella a Kulte. Siempre compra lo que ella quiere.

—Fui con Sofía a Kulte, una tienda de ropa.

—¿Qué te parece esta falda azul? ¿Me queda bien?

—¡Te queda muy bien! ¡Muy bonita! Definitivamente debes comprarla.

—¿Estás segura? No sé.

—¡Ay te prometo! ¡Te ves increíble!

—Bueno. Voy a comprarla.

—No me gustó mucho la falda azul, pero le gustó tanto a Sofía, que ... la compré. Luego, me probé una blusa morada.

—¿Te gusta esta blusa morada? ¿Me queda bien?

—¡Claro que sí! ¡Está de última moda! Además es una ganga. ¡Mira el precio!

—Pues, sí, tienes razón, es muy barata. Pero...

—¿Pero qué? Hazme caso. Debes comprarla. ¡Además pareces modelo de París con esa blusa!

—Gasté mi dinero en una blusa que no me queda bien y que ¡no me gusta! Luego fuimos a la sección de zapatos.

—¿Qué piensas de estos zapatos? ¿Van bien con la blusa y la falda?

—¡Ay, amiga! ¡Estos zapatos son los zapatos más bonitos en todo el mundo!

—¿De veras? Bueno, si te gustan a ti, los voy a comprar. ¿Crees que estoy lista para la fiesta del sábado?

—Ay, sin duda. No sólo vas a estar a la última moda con tu nueva falda, blusa y zapatos, sino que también, ¡vas a ser la sensación de la fiesta!

—Así es mi amiga Sofía—muy... muy... muy independiente. No sé por qué fui a Kulte con ella. Siempre compro lo que ella quiere.

—Bueno. Hola Celeste. ¿Comó estás?

—Sofía, tengo que regresar a Kulte.

Necesito devolver la blusa, la falda y los zapatos. ¿Vas conmigo?

—Sí, pero ¿por qué tienes que devolver todo?

—Mamá dice que me veo horrible en esa falda, en esa blusa y que los zapatos son más horribles que la ropa. Yo no sé por qué me dejaste comprarlos…

Variedades

—Abuela, ¿cómo le dicen a todo esto?

—Y, es que aquí la abuela encuentra todo lo que necesita.

—Ah, variedad.

—Variedad.

—¿Y eso cómo lo dicen, Abuela?

—Que aquí podemos encontrar las mejores cosas.

—Ah, calidad.

—Calidad.

—Abuela, ¿cómo le dicen a esto?

—Esto es que con la plata que tengo acá puedo comprar todo lo que necesito.

—Precio.

—Abuela, ¿cómo le dicen a eso que hacen para tener bebés?… Abuela, esto se llama servicio, ¿no?

Chapter 9
GeoVisión

La República Dominicana, también llamada Quisqueya, ocupa los dos tercios de la parte este de la isla Hispaniola y limita al norte con el Océano Atlántico, al sur con el Mar Caribe, al este con el Canal de la Mona y al oeste con Haití.

¡Hola! Estamos en Santo Domingo, República Dominicana. Me llamo Inés y quiero llevarte de visita por mi país. Es el famoso Faro a Colón. Es formidable, ¿no?

¡Vamos!

Nuestras calles siempre están llenas de personas, carros y guaguas.

Ahora estamos en la Avenida George Washington, el malecón.

Aquí en San Pedro de Macorís, de donde es Sammy Sosa, tenemos ingenios de caña y el estadio Tetelo Vargas del equipo de béisbol las Estrellas Orientales.

Altos de Chavón, en La Romana, fue construida en los años ochenta, imitando el estilo de construcción de Andalucía. En Altos de Chavón hay un anfiteatro. Aquí también está el Museo Arqueológico Nacional con una extensa colección de arte Taíno.

El Parque Nacional del Este ocupa la mayor parte de la península del sureste de la República. Iguanas rinocerontes, solenodón y hutía son algunos de los animales que viven en el parque. Aquí también hay cuevas con arte Taíno.

Aquí estamos en Higüey donde está la Basílica de Nuestra Señora de la Altagracia, nuestra patrona. La basílica está construida en estilo moderno y es posible verla desde muy lejos.

Jarabacoa, un pueblo entre montañas, tiene vistas increíbles. En Jarabacoa está la cascada del Salto de Jimenoa con agua que cae de 40 metros de altura.

La ciudad de La Vega celebra Carnaval todos los domingos durante el mes de febrero.

Aquí estamos en la ciudad de Santiago de los Caballeros fundada en el año1495 y la segunda ciudad del país.

Bueno…¿Qué te parece mi país? Es bonito, ¿no? Nos vemos pronto.

ExpresaVisión 1

¡Hola! Soy Inés. Soy de República Dominicana. ¡Me encantan los días festivos! Hay muchos días festivos. Algunos son para celebrar las amistades y la familia, por ejemplo, el Día de la Madre, el Día del Padre y el Día de los Enamorados.

Algunos son para celebrar los eventos históricos o políticos, por ejemplo, el Día de la Independencia, el Día de Acción de Gracias en Estados Unidos.

Otros son celebraciones religiosas, por ejemplo, la Nochebuena y la Navidad.

¿Dónde pasaron tú y tu familia la Navidad el año pasado? Nosotros la pasamos en casa de mis abuelos. Decoramos la casa, abrimos regalos...

¿Qué vamos a hacer el Año Nuevo? Pensamos hacer una fiesta. ¡Felices fiestas, amigos!

GramaVisión 1.1

Preterite of **-er** and **-ir** verbs

—To form the preterite of a regular **-er** verbs, drop the **-er** and add these endings, which go with each of the different subjects.

—Yo comí una hamburguesa.

—Tú comiste pizza.

—Él comió una manzana.

—Nosotros comimos pollo.

—Vosotros comisteis helado.

—Ellas comieron zanahorias.

—The preterite of **-ir** verbs in the preterite have the same endings as the **-er** verbs. Notice that the **nosotros** form is the same as the present.

—Escribimos una carta.

—Ya la escribimos.

—With the verb **ver,** the endings don't have written accents.

GramaVisión 1.2

Review of the preterite

—The preterite form of **-ar** verbs consists of the verb stem and special endings that tell who the subject is. The preterite endings for **-er** verbs and **-ir** verbs are the same. The verb **ir** is irregular. That means that the forms don't follow a pattern and need to be memorized.

GramaVisión 1.3

Pensar with infinitives

—**Pensar** means *to think*. The **e** in the stem [of?] **pensar,** like the **e** in the stem of **querer** changes to **ie** whenever the stress falls on it, which happens in all the forms of the present tense except **nosotros** and **vosotros.**

—Yo pienso mucho.

—Tú también piensas.

—¿Ah? Sí. Él también piensa.

—Nosotros pensamos.

—Vosotros pensáis mucho.

—Ellos piensan mucho, ¿verdad?

—To say what someone plans to do, use **pensar** followed by an infinitive.

—¿Qué piensas hacer, Raquel?

—Pienso ver los fuegos artificiales.

—¡Vamos!

Comparaciones

Waldemar, La República Dominicana

[Diana] ¿Cómo estás, Waldemar?

[Waldemar] Bien, ¿y usted?

[Diana] Muy bien, gracias. Vamos a hablar sobre los días festivos que se celebran aquí en la República Dominicana. ¿Me puedes decir cuáles son dos o tres días festivos que se celebran en República Dominicana, y en qué fechas son?

[Waldemar] Celebramos la Semana Santa, que es la segunda semana de abril. Celebramos el día de la madre, catorce de mayo. Y también celebramos las Navidades.

[Diana] ¿Cuál es tu día festivo favorito?

[Waldemar] Me gusta mucho la Semana Santa.

[Diana] ¿Qué significa para ti la Semana Santa?

[Waldemar] Es una semana muy espiritual, y es la resurrección de Jesucristo se celebra también.

[Diana] ¿Cómo pasaste la Semana Santa el año pasado?

[Waldemar] Muy común. Como todo el mundo fuimos a iglesia mucho y también mucho con mi familia. Pasé mucho tiempo con mi familia.

[Diana] Muchas gracias, Waldemar.

[Waldemar] Muchas gracias.

Diana, Texas

[Diana] Hola, Diana, ¿cómo estás?

(141)

[Diana] (interviewee) Bien, gracias, ¿y tú?

[Diana] Muy bien, muchas gracias. Vamos a hablar sobre los días festivos aquí en El Paso, Texas. ¿Me puedes decir dos o tres días festivos que se celebran aquí en El Paso?

[Diana] (interviewee) Claro, aquí en El Paso, festejamos el Día de la Independencia de Estados Unidos, que es el cuatro de julio. También festejamos la Navidad, que es el veinticinco de diciembre, y el Día de Gracias, que es último jueves de noviembre.

[Diana] ¿Qué día festivo es tu favorito?

[Diana] (interviewee) Mi día festivo favorito es la Navidad.

[Diana] ¿Qué significado tiene para ti la Navidad?

[Diana] (interviewee) Es el nacimiento del niño de Dios.

[Diana] ¿Cómo pasaste la Navidad el año pasado?

[Diana] (interviewee) Toda mi familia nos sentamos en la casa de los abuelos, y comimos pavo.

[Diana] Muchas gracias, Diana.

[Diana] (interviewee) Gracias.

Larry, Puerto Rico

[Diana] Larry, ¿qué días festivos se celebran en Puerto Rico?

[Larry] Bueno, el seis de enero se celebra el Día de los Reyes Magos, que se celebra dándoles juguetes a los niños, el veintitrés de junio es San Juan Bautista, patrón de Puerto Rico, que vamos a la playa y compartimos con nuestra familia y amigos, la constitución de Puerto Rico, veinticinco de julio, se celebra con desfiles y celebrando el estado asociado de la isla como tal, y el veinticinco de diciembre también es Nochebuena donde la familia comparte en una unión.

[Diana] ¿Cuál es tu día festivo favorito?

[Larry] Mi feriado favorito es el Día Reyes, donde se hacen las entregas a los niños. Los niños juegan, sus padres les regalan regalos. Es un día festivo bastante bonito

en la isla. Se celebra con mucho amor, y es algo bien religioso.

ExpresaVisión 2

Hola. ¿Cómo siguen las fiestas? Esta semana mi mejor amiga tiene su cumpleaños y ¡quiero hacer una fiesta de sorpresa! Tengo muchas cosas que hacer. Primero la lista de invitados. Luego tengo que mandarles las invitaciones. Acabo de llegar de comprar varias cosas: galletas, ponche, dulces, empanadas y papitas. Sabes que no solo celebramos los cumpleaños. También celebramos una boda, un aniversario o una graduación. ¡Qué siga la fiesta! Adiós.

GramaVisión 2.1

Direct object pronouns

—Yo veo a Ana.

—The subject pronoun **yo** does the action. When it's receiving the action, it becomes the direct object pronoun **me.**

—¡Ana me ve!

—There is a direct object pronoun for each person.

—Oye tú.

—Te veo.

—Ana ve a Juan. Ana lo ve. Juan ve a Ana. Juan la ve.

—¡Juan! ¡Ana!

—Nosotros somos Juan y Ana.

—Sí. Paula nos llama.

—Sí, vosotros. Os invito a mi fiesta.

—¿Y a ellos?

— No los invito.

—¿Y a ellas?

—No las invito.

—Bueno, hasta esta noche.

—Usted es Juan. Paula lo invitó. Pase. Usted es Ana. Paula la invitó. Pase. Ustedes... Paula no los invitó. Ustedes...Paula no las invitó.

—¿Las invitamos al cine?

—When answering, be sure to use the correct pronoun.

—No. Nosotras los invitamos.

GramaVisión 2.2

Conocer and personal **a**

Conocer means *to know a person,* or *to be familiar with a place, a thing, or a person.* In the present tense, **conocer** is irregular in the **yo** form.

—No los conozco.

—Soy Sip.

—Soy Sap.

—Somos del planeta Sup.

—¿Conoces Sup?

—No, no conozco.

—¡Hola, Alicia!

—¡¿Conocen a mi hermana?!

—When a person is the direct object of any verb, the word **a** comes before it. It has no translation. **Conocer** also means *to meet someone for the first time.*

—Sí. Conocemos a Alicia.

—La conocimos el año pasado.

—¿Quieres conocer a nuestros padres?

—¡Sí!

GramaVisión 2.3

Present progressive

—Use the present progressive to tell what is happening at the same exact time that you're talking.

—Estamos jugando al ajedrez.

—Estoy viendo televisión.

—Nora está escribiendo.

—The present progressive is made up of the present tense of **estar** which tells who is doing something, plus a present participle of a verb, which tells what the person is doing. To form the participle of **-ar** verbs, take the verb stem and add **-ando.** To form for **-er** and **-ir** verbs, take the verb stem and add **-iendo.** If the stem of an **-er** or **-ir** verb ends in a vowel, then the ending is **-yendo,** with a y.

—Estoy leyendo.

—Stem-changing **-ir** verbs have stem changes in the participle. The **o** in **dormir** changes to **u.**

—Enrique está durmiendo.

—The **e** in the verb **servir** changes to **i.**

—¿Qué estás sirviendo?

—Estoy sirviendo la cena.

—Direct object and reflexive pronouns can be attached to the participle or they can go before the conjugated form of **estar.**

—Me estoy levantando.

—Estoy levantándome.

—With the verbs **ir** and **venir,** use the simple present tense to say that someone is coming or going.

—¿Vienen a la mesa?

—Sí, vamos.

¿Quién será? Episodio 9

—¿Qué estás haciendo Irene?

—Estoy decorando la terraza, ¿qué crees?

—No, no, yo hago eso. Si quieres ayudar, anda a la cocina, abre la lata de atún y prepara el dip X. ¿De acuerdo?

—Bien, Nicolás

—Oye Irene, me parece que Picasso tiene hambre. ¿Quieres ponerle comida?

—Está bien mamá.

—Hola, Julia.

—Hola Nicolás, ¿cómo te va? Nicolás, ¿tú conoces a mi amiga, Mari?

—Claro que te conozco.

—Hola. ¿Cómo estás?

—Bien. Tanto tiempo sin verte.

—Bueno Nicolás, ¿cómo va todo?

—Muy bien. Ustedes llegan justo a tiempo. Acabo de poner el ????, ¿ven?

—Sí.

—¡Qué bueno! Y veo que decoraste bien y inflaste globos también.

—Gracias, Julia. Espero un minuto. Voy a traer la comida.

—¡¿Preparaste comida también?!

—Sí. Por supuesto.

—¡Bienvenidos! Sírvanse.

—Felicidades.

—Bueno, por fin llegaste Mateo, el invitado de honor. Feliz cumpleaños.

—Gracias.

—Este año hace una fiesta muy buena.

—Mejor que la del año pasado.

—¿Qué pasó el año pasado?

—¡¿No te acuerdas?! El año pasado, pasé mi cumpleaños aquí también.

—Ah, ya me acuerdo.

—El año pasado Nicolás me hizo una fiesta aquí en su casa. Julia mandó las invitaciones a todos, pero en la invitación no escribió en la casa de Nicolás. Escribió en la casa de Julia.

—Julia, Mateo yo nos reunimos aquí, pero todos los invitados se reunieron en la casa de Julia.

—¡Qué pena!

—Hola, Nicolás, ¿cómo va todo?

—Muy bien, mamá. Todos están afuera en la terraza. Están hablando. Y acabo de poner la comida.

—Muy bien. Bueno, voy a la casa de los abuelos por un rato. Chao. Que te vaya bien. Te llamo más tarde, ¿eh?

—Gracias mamá.

—No puede ser. Y ya lo están comiendo.

—¿Qué estás haciendo, Nicolás?

—¿Yo? Nada. ¿Por qué me lo preguntas? Con permiso... con permiso...

—Irene, ¡tu pusiste comida de gato al dip!

—Ay, ¿qué dices? ¡No! Yo saque una lata de atún del gabinete.

—Feliz cumpleaños, Mateo.

—Gracias, Nicolás.

—República Dominicana. Ya son nueve. Sólo falta una y entonces puedo tomar mi decisión final.

Variedades

—Queridos papás; Con mucho cariño les mandaré dinero para las fiestas. Voy a usar un nuevo servicio que se llama Envión. Con Envión es más barato y seguro porque llega directo a su cuenta. Avísenles a todos. El teléfono es uno, ochocientos ochenta y ocho, ochocientos treinta y seis, ochenta y nueve, setenta y tres. Los quiere mucho, su hija, Rosa.

—Donde estás tú, está Envión.

—Hijo, ya recibí tu dinero de Washington pero me quitaron mucho. Mejor mándamelo por Envión. Es más barato y más seguro y sólo te cobran diez dólares por cualquier cantidad. Sí, aquí lo tengo. El teléfono es uno, ochocientos ochenta y ocho, ochocientos treinta y seis, ochenta y nueve, setenta y tres.

—Donde estás tú, está Envión.

—Y puedes ser más listo, ¿no?

—¡Dame una pe!

—¡Pe!

—¡Dame una a!

—¡A!

—¡Dame una pe!

—¡Pe!

—¡Dame una a!

—¡A!

—¿Qué dice?

—¡Papa!

—Eh, no, la segunda a con acento. ¿Qué dice?

—¡Aaa!

—¡Todo junto!

—¡Papá! ¡Felicidades, papá!

Chapter 10
GeoVisión

¡Bienvenidos a Perú! Perú está en la parte central y occidental de la América del

Sur. Limita al norte con Ecuador y Colombia, al sur con Chile y Bolivia, al este con Brasil, y al oeste con el océano Pacífico. Los idiomas oficiales son el español y el quechua. También se habla el aymara. El cuarenta y cinco por ciento de la población es indígena.

En Perú hay tres regiones geográficas que son la costa, la sierra y la selva. La costa es la zona al lado del océano Pacífico. Hay desiertos, playas y valles. Lima es la capital de Perú y está en la costa. Hola, me llamo André y estoy aquí en la Plaza de Armas de Lima. Vamos a recorrer el país.

Ésta es la Plaza de Armas. Es el lugar donde Francisco Pizarro fundó la ciudad en mil quinientos treinta y cinco. La llegada de Francisco Pizarro y otros conquistadores españoles terminó con el imperio inca. Alrededor de la Plaza vemos la catedral que fue un templo muy pequeño cuando fue inaugurado en mil quinientos cuarenta. El Palacio Arzobispal tiene bellísimos balcones tallados y se comunica con la Catedral de Lima a través de un patio.

Entre los museos importantes tenemos El Museo de Arte y el Museo de Antropología, Arqueología e Historia.

En la sierra está la Cordillera de los Andes. La montaña más alta de Perú es el Huascarán que mide seis mil setecientos sesenta y ocho metros sobre el nivel del mar. Las famosas ruinas de Machu Picchu están en la sierra. Fueron descubiertas en mil novecientos once y es el sitio arqueológico más conocido de las Américas.

Las líneas de Nazca son figuras gigantes y perfectas y nadie sabe cuándo las hicieron ni por qué. Están en el sur de Perú y sólo se ven desde el aire.

El Cañón del Colca es considerado el más profundo del mundo. Tiene tres mil, cuatrocientos metros de profundidad. Aquí se puede ver el majestuoso vuelo del cóndor.

El lago Titicaca es el lago navegable más alto del mundo. Está a tres mil ochocientos nueve metros sobre el nivel del mar. Los habitantes del lago usan una planta, la totora, para construir casas, balsas y embarcaciones típicas como los caballitos de totora. El lago Titicaca tiene cuarenta y una islas. Una de las principales es Taquile. Aquí viven los uros en chozas construidas con totora.

La ciudad de Arequipa está rodeada por tres volcanes: el Misti, el Chachani y el Pichu Pichu. Debido a la geografía, hay muchos terremotos y erupciones volcánicas.

Por el norte de la selva peruana pasa el río Amazonas. En el sur de la selva está el Parque Nacional de Manu donde hay más ochocientas especies de aves y doscientas especies de mamíferos.

En fin, Perú es un país de muchos contrastes. Tiene de todo: geografía, historia, cultura y un poco de misterio también. Adiós.

ExpresaVisión 1

Hola amigos. Me llamo André y soy de Lima, Perú. Estoy en el aeropuerto de Lima porque a mí me encanta viajar. Me fascinan los aeropuertos. De veras. Vamos a una vuelta.

A la entrada, uno llega al mostrador. Siempre están llenos de gente. El agente te ayuda a facturar el equipaje. Miren, los pasajeros tienen que hacer cola. Después de conseguir la tarjeta de embarque, uno puede verificar el vuelo en la pantalla de información. Y no olvides el pasaporte.

Y ahora, las cosas se ponen interesantes. Ahora, tenemos que pasar por el control de seguridad. Y ya. Ahora podemos pasar a nuestra puerta y esperar aquí en la sala de espera. Dentro de un rato nos llaman y podemos abordar el avión. Un avión como esto.

Qué bacán, ¿no? ¡Buen viaje!

GramaVisión 1.1

Review of the preterite

—Ahora estoy con mi amigo

—Use the preterite to talk about what happened at specific times in the past.

—¡Hola! ¿Esperaste mucho?

—No, sólo esperé diez minutos.

—In this way, you can use the preterite to re-tell a series of events,

—Los amigos se encontraron.

—Y después salieron del aeropuerto.

—. . . that each happened, one after the . . .

—¡Por fin llegó mi amigo!

—other.

—¡Hola!

—¡Por fin llegaste!

—Stem changes in the **nosotros** and **vosotros** forms in the present tense happen when the vowel in the stem becomes the stressed syllable. Since the stress doesn't fall on them in the preterite, no stem change takes place.

—Me encontré con mi amigo a las once.

—Remember also that -**er** and -**ir** verbs have the same endings in the preterite.

GramaVisión 1.2

Verbs with spelling changes in the preterite (-car, -gar, zar)

Verbs that end in -**car,** like **sacar,** verbs that end in -**gar,** like **pagar** and verbs that end in -**zar,** like **comenzar,** have a change in the spelling of the **yo** form of the preterite.

—The c in **sacar** becomes -qu in the **yo** form in the preterite.

—Saqué dinero del cajero automático.

—The spelling is different, but the sound stays the same. The spellings of the forms for other persons don't change.

—¡Sacaste mucho dinero!

—Él sacó mucho dinero

—The g of **pagar** becomes gu in the **yo** form of the preterite.

—Pagué los boletos.

—The spellings of the forms for other persons don't change. The z of **comenzar** becomes c in the **yo** form of the preterite. The spellings of the forms for other

persons don't change.

—¡Ya comencé mi viaje!

GramaVisión 1.3

The preterite of **hacer**

—The verb **hacer** is irregular in the preterite.

—Qué hiciste ayer?

—No hice mucho. Fui a la playa.

—Él no hizo mucho ayer.

—¡Nosotros hicimos una cosa importante ayer!

—A question asked with hacer...

—¿Qué hicieron ustedes ayer?

is often answered using other verbs.

—¡Conseguimos boletos para el concierto de rock del domingo!

—The verb **hacer** is used in many expressions that describe the weather. To form the preterite of these weather expressions, replace **hace** with **hizo**. Use the preterite to say what the weather was like over a specific period or when telling how long conditions lasted.

—¿Qué tiempo hizo el domingo en el concierto?

—Use **llovió** to say *it rained.*

—Llovió. Hizo mal tiempo.

—Use **nevó** to say *it snowed.*

—¡Nevó!

Comparaciones

Lisette, Peru

[Diana] Hola Lisette ¿cómo estás?

[Lisette] Gracias, muy bien.

[Diana] Vamos a hablar sobre las vacaciones.

[Lisette] De acuerdo.

[Diana] Cuando vas de vacaciones, ¿en qué medio de transporte viajas?

[Lisette] Bueno, cuando voy de vacaciones, a mí me encanta viajar en omnibus porque en el camino veo los paisajes y los animales.

[Diana] ¿Qué haces cuando vas de vacaciones?

[Lisette] Cuando voy de vacaciones, voy [y] visito a los lugares turísticos que me han recomendado.

[Diana] ¿Adónde fuiste de vacaciones la última vez?

[Lisette] Bueno, fui a Cajamarca.

[Diana] ¿Fuiste sola o fuiste con tu familia?

[Lisette] Fui con mi familia.

[Diana] ¿Qué hicieron allí?

[Lisette] Más que todo fuimos a visitar a los lugares turísticos y a algunos familiares.

[Diana] Muy bien, muchas gracias Lisette.

[Lisette] Gracias a ti.

[Diana] Hasta luego.

[Lisette] Chao.

Paola, Peru

[Diana] Hola Paola, ¿cómo estás?

[Paola] Hola. Bien gracias.

[Diana] Vamos a hablar sobre las vacaciones.

[Paola] Oh sí.

[Diana] Cuando vas de vacaciones, ¿en qué medio de transporte viajas?

[Paola] Voy en bus, mirando los paisajes.

[Diana] ¿Qué haces cuando vas de vacaciones?

[Paola] Cuando voy de vacaciones, visito a mi familia, a mis amigos y los lugares turísticos.

[Diana] ¿Adónde fuiste de vacaciones la última vez?

[Paola] Fui al departamento de Ica.

[Diana] ¿Fuiste sola o fuiste con tu familia?

[Paola] Fui con mi familia.

[Diana] ¿Qué hicieron allí?

[Paola] Visitamos a mi abuelita, primas, amigos y algunos lugares turísticos.

[Diana] Muchas gracias Paola.

[Paola] De nada.

ExpresaVisión 2

¿Qué tal los viajes? Saben, en Perú hay muchos lugares adonde uno puede viajar. Por ejemplo, uno puede conocer ruinas, como las de Machu Picchu. Si les gusta el campo, pueden acampar, pescar, ir de excursión, y pasear en bote. Si les gusta más la ciudad, pueden conocer el centro de Lima, visitar un museo o recorrer la ciudad. Perú es un verdadero tesoro turístico. Adiós.

GramaVisión 2.1

Informal commands of spelling change and irregular verbs

—Informal negative commands of some verbs have spelling changes.

—Recoge los libros.

—To make an affirmative command of a verb ending in -**ger** or -**gir** negative,

—No recojas la cama.

—change g to j when adding -**as.**

—Paga mi cuenta.

—If the verb ends in -**gar**

—No pagues la cuenta de él.

—change g to gu when adding -**es.** If the verb ends in -**guir,** like **seguir,** change gu to g when adding -**as.**

—sigue no sigas

—If the verb ends in -**car,** like **sacar,** change c to qu when adding -**es.** If the verb ends in -**ar,** like **comenzar,** change z to c when adding -**es.**

—comienza no comiences

Informal commands of irregular verbs

—Some verbs have irregular informal command forms. The informal command forms of **venir** are **ven** in the affirmative,

—Manuel, ¡ven!

—and **no vengas** in the negative.

—Manuel, ¡no vayas!

—The informal affirmative command of **ir** is **ve** and the informal affirmative command of **hacer** is **haz.**

—¡Ve, Manuel, haz cola!

—The informal negative command of **ir** is **no vayas** and the informal negative command of **hacer** is **no hagas.**

—Manuel, no vayas. ¡No hagas cola!

—The informal affirmative command of **poner** is **pon**...

—¡Pon un poco de música!

and the informal negative command is **no pongas. No seas** is the informal negative command of **ser**...

—¡No pongas música, no seas tonto, Manuel!

—and the affirmative command of **ser** is **sé.** It has an accent mark. The informal negative command of **tener** is **no tengas**

—¡Sé buen amigo, regresa ya!

—¡No tengas miedo, Manuel!

—... and the informal affirmative command is **ten.**

—¡Ten, un helado para ti!

GramaVisión 2.2

Review of Direct Object Pronouns

—Direct object pronouns replace direct object nouns.

—¿Quieres comenzar el viaje ya?

—Direct object pronouns can go before the conjugated verb . . .

—Sí, lo quiero comenzar ya.

—. . . or be attached to the end of an infinitive.

—¡Yo también quiero comenzarlo ya!

—In affirmative commands, the pronoun is always attached to the end of the verb.

—Aquí está el boleto, ¡Tómalo!

—In negative commands, the pronoun is always placed after **no** and before the verb.

—¿Y la maleta?

—No la recojas.

¡Feliz viaje!

GramaVisión 2.3

Review of verbs followed by infinitive

—Imagine a computer chip that conjugates verbs. The chip finds out from you, the speaker, who's doing what and when. Only one chip is allowed per sentence. So, when you add a verb to talk about what you hope, want, or plan to do, the conjugation chip goes to that verb instead. You can use these four verbs, which carry the computer chip information: who's doing what and when, followed by an infinitive, **hablar.** You can say what someone wants to do,

—Quiero pasear en las montañas.

—what someone hopes to do,

—Espero pescar en el lago.

—plans to do… Ahem, or plans to do,

—Pienso pasear en bote.

—or would like to do.

—Me gustaría descansar mucho.

—Use **tener que** to talk about what someone has to do.

—Tengo que planear el viaje.

—¿Quieres ir a nadar conmigo?

—Me gustaría mucho, pero tengo que volar.

¿Quién será? Episodio 10

—Ahora sí, ya están diez candidatos: un español, un puertorriqueño, una mexicana, una méxicoamericana de Texas, un costarricense, una chilena, un argentino, una cubanoamericana de la Florida, una dominicana y un peruano. Dos de ellos deben recibir una beca para venir a estudiar en Madrid. ¿Quiénes serán? Voy a tener que pensarlo muy bien.

—Buenos días, señorita Sofía Corona Ramírez.

—Buenos días, señor Nicolás Ortega García.

—Soy Aurelia Castillo Velasco, pero todos me conocen como La Profesora. Me comunico contigo desde Madrid.

—Tengo buenas noticias para ti y tu familia. ¿Tienes tu pasaporte?

—Soy la directora de la Fundación para Cultivar las Relaciones entre las Culturas de Habla Hispana. La fundación se dedica a la educación de los jóvenes hispanos. Nuestra meta es darles la oportunidad de venir estudiar en Madrid a jóvenes hispanos de todo el mundo. Mi asistente y yo identificamos diez candidatos para las dos becas que vamos a otorgar este año.

—Como profesora, madrileña y directora de la Fundación, es para mi un honor y un placer informarte de que tú vas a recibir una beca para estudiar baile en la Escuela de Danza de Madrid por un año.

—¡¿Yo?!

—... es para mi un honor y un placer informarte de que tú vas a recibir una beca para estudiar dibujo en la Escuela de Arte de Madrid por un año.

—Les voy a enviar toda la información a tus padres dentro de dos semanas. Me encantaría hablar con ellos sobre todos los detalles. Puedes recoger los boletos en el aeropuerto.

—¡Enhorabuena, Sofía! Me da mucho gusto ver una joven de tu inteligencia y dedicación conseguir sus sueños. Será un placer conocerte.

—¡Qué padre!

—¡Enhorabuena, Nicolás! Me da mucho gusto ver un joven de tu inteligencia y dedicación conseguir sus sueños. Será un placer conocerte.

—¡Woooa!

—¿Lo pueden creer? Yo, ¿estudiando dibujo en Madrid? Gracias a ustedes dos por apoyarme.

—¡Ay, hijo! ¡Qué bien! ¡Estoy muy orgullosa de ti!

—Gracias, mamá.

—Van a venir a visitarme, ¿verdad?

—Claro que sí, hijo. Me encantaría conocer Madrid.

—Sí, podemos conocer la ciudad, pasear por todos lados, quedarnos en un hotel, sacar fotos y ¡mandarles tarjetas a toda la familia!

—¡Sí, hijo! ¡Qué divertido! ¡Vas a estudiar en Madrid!

—¡Estupendo, hijo! ¿Te imaginas? ¡Algún día me gustaría ver tus pinturas en el museo del Prado!

—Ah...

—Ay, claro que sí. ¿Porqué no?

—El artista, nuestro hijo.

—Nuestro hijo.

—¡Es increíble! ¿Pueden creerlo? Yo, ¿estudiando danza en Madrid?

—¡Hija! ¡Qué bien! ¡Estoy muy orgullosa de ti!

—Gracias, mamá.

—Pero van a venir a visitarme, ¿verdad?

—Claro que sí, hija. Me encantaría conocer Madrid.

—¡Yo quiero estudiar en Madrid también!

—Sí, hijo, un día vas a estudiar en España también.

—Uy, ¡tengo que hacer mis maletas!

—No, hija, todavía no. Faltan muchos meses.

—Pero sí tenemos que pedir tu pasaporte…

—Sofía, Sofía, cara de tortilla…es español

—Marcos, ¡buen trabajo! Debes tomar unas vacaciones, viajar a una isla, tomar el sol, descansar... ¡Diviértete! Yo te llamo cuando estemos listos para empezar la investigación para el año próximo.

Variedades

Siete y media de la mañana.

Mi asiento toca la ventana.

Estación central, segundo carro

del ferrocarril que me llevará al sur.

Y ya estos fierros van andando

y mi corazón está saltando

porque me llevan a las tierras

donde al fin podré de nuevo

respirar adentro y hondo,

alegrías del corazón, ¡ajaja!

Y no me digas pobre por ir viajando así.

¿No ves que estoy contento?

¿No ves que voy feliz?

Doce y media en la mañana.

El olor se mete en la ventana.

Son flores y animales que me dicen:

Bienvenido al sur.

Yo recuerdo a mi papito

y no me importa estar solito

porque me llevan a las tierras

donde al fin podré de nuevo

respirar adentro y hondo,

alegrías del corazón.

Respirar adentro y hondo,

alegrías del corazón.

Y no me digas pobre por ir viajando así.

¿No ves que estoy contento?

¿No ves que voy feliz?

Viajando en este tren, en este tren al sur.

Y no me digas pobre por ir viajando así.

¿No ves que estoy contento?

¿No ves que voy feliz?

Viajando en este tren, en este tren al sur.